济南

杨　峰·主编

赵燕姣·著

一朝醒来惊天下

城子崖

JiNAN

山东城市出版传媒集团·济南出版社

序

XU

讲好济南故事是我们的使命

看到济南出版社重磅推出的"济南故事"系列丛书，无论是作为济南城市的建设者，还是作为在这座历史文化名城工作与生活了数十载的济南市民，我都深感高兴与自豪。

伴随着这座历史文化名城发展变迁的足音，感受着这座时代新城前行律动的脉搏，我们会感到脚下的大地熟悉而又陌生。当时光列车驶入21世纪第三个10年的历史关口，济南的明天将会怎样，想必是每一位济南人都迫切需要了解的。要知道济南向何处去，首先要回答济南从哪里来。只有了解济南的昨天，才能知道济南的明天。了解济南故事，讲好济南故事，让更多的济南人热爱济南，让更多的外地人了解济南，使之成为建设美丽济南的磅礴动力，是我们义不容辞的使命。那么，了解济南故事，从阅读这套丛书开始，应该是个不错的选择。

济南是一座传统与现代相互融合的城市。一方面，济南地理位置得天独厚，南依泰山，北临黄河，扼南北要道，北上可达京师，南下可抵江南。济南融山、泉、湖、河、城于一体，风景绮丽，秀甲一方。她群山逶迤，众泉喷涌，城中垂杨依依，荷影点点，既有北方山川之雄奇壮阔，又有江南山水之清灵潇洒，兼具南北风物之长。作为齐鲁文化中心，她历史悠久，文脉极盛，建城两千多年以来，文人墨客、名士先贤驻足于此，歌咏于此，留下无数美好的诗篇。近代开埠以来，引商贾、办工厂、兴教育，得风气之先，领一时风骚。这些都是济南的老故事。

另一方面，作为山东省政治中心、经济中心、文化中心，当前的济南正面临新旧动能转换起步区、中国（山东）自由贸易试验区济南片区、黄河流域生态保护和高质量发展三大国家战略叠加的重大机遇，正对标习近平总书记

"走在前列、全面开创"的目标要求，阔步从"大明湖时代"迈向"黄河时代"。今日之济南，围绕"打造四个中心"，建设"大强美富通"现代化省会城市，努力争创国家中心城市，统筹谋篇布局经济社会发展，大力发展大数据与新一代信息技术、智能制造与高端装备、量子科技、生物制药、医疗康养等十大千亿级产业集群，加快产业转型升级，一大批重大工程、重大项目落地投产，城市发展充满了无限生机。同时大力推进城市建设管理更新，中央商务区勃然起势，"高快一体"快速路网飞速建成，城市容颜焕新蝶变，城市品质赋能升级，城市文明崇德向善，生活在这座城市里的人们，有着以往从未有过的获得感、幸福感和安全感。现在的济南又趁势而上，加快实施公共卫生应急管理、营商环境优化、双招双引、项目建设、科技创新、城市品质提升、扩大对外开放等十二项重点攻坚行动，踏上了更为壮阔的高质量发展新征程。这是济南故事的新篇章。

作为时代变化的参与者、见证者，同时也应是优秀传统文化的守望者和美好故事的讲述者，我们有责任深入讲好济南故事，告诉世人济南的前世与今生。但也许是尊奉礼仪之邦"讷于言而敏于行"的古训吧，这些年我们做了很多，讲得却还不够。济南出版社策划出版"济南故事"系列丛书，可谓正当其时。它从多层面多角度挖掘、整理和诠释济南风景名胜、人文历史，向世人娓娓道来，并以图书的形式呈现出来，是一件有着深远意义的事情。我希望这套丛书能成为一把钥匙，为读者打开一扇门，拨开历史的风尘，带领读者穿越时光，纵览波澜壮阔的历史长卷，与往圣先贤来一场跨越时空的对话。

翻开它，我们走进历史；合上它，我们可见未来。

中共济南市委常委、市委宣传部部长　　杨峰

目录
MULU

城子崖：一朝醒来惊天下

JINAN 济南故事

引言

　　"设若你的幻想中有个中古的老城，有睡着了的大红楼，有狭窄的古石路，有宽厚的石城墙，环城流着一道清溪，倒映着山影，岸上蹲着红袍绿裤的小妞儿。你的幻想中要是有这么个境界，那便是济南。设若你幻想不出——许多人是不会幻想的——请到济南来看看吧。"在老舍的笔下，济南她时而悠远，时而明亮；老舍的字里行间无不流淌着对济南的喜爱与赞美。近些年来随着大量考古材料的问世，越来越多的材料证实济南城不仅有着中古的遗韵，更深藏着史前的万丈光芒。

　　泉城济南以城内汇聚七十二泉而名满天下。这样一座历史文化名城，有着众多的历史遗迹，在诸多的遗迹中堪称悠久的恐怕只有一个地方——城东章丘城子崖遗址。城子崖遗址位于章丘，东距济南约一小时车程。章丘现为济南市的一个市辖区，自古以冶铁闻名于世。据《后汉书·韩棱传》载，肃宗曾赐三个忠臣三把宝剑，其中一把即"济南椎成剑"。又《山东通志·卷四十一》载："唐时铁器章丘最盛。"另传唐初名将秦琼老家就在章丘，有"冶铁秦

城子崖遗址保护碑

龙山文化命名地

家"之美誉。2018年央视一档《舌尖上的中国》更令章丘铁锅名声大噪。

岁月的尘埃湮没了先民奋斗的足迹，汗牛充栋的典籍也只给后人留下了扑朔迷离、亦真亦幻的影子。每当我把一次次的发现放进考古史册去回顾时，我常常会不经意间萌生"一眼千年"的沧桑和惶惑。有一些发现，它们充满神奇，甚至有些梦幻，却对整个考古学界产生了巨大的震撼，而它们往往只是时代布景的一帧匆匆剪影。

城子崖的发现及之后龙山文化的确认及分类，是一条漫长的路途。而最初的那个起点刻度，是固定写就而不会改变的。查阅所有的文献资料都会告诉您，发现城子崖遗址的第一人生于晚清，而那个叫吴金鼎的年轻人也注定将彪炳史册。

龙山文化博物馆（城子崖遗址博物馆）前陶鬶标志

JINAN 济南故事

第一章

发现城子崖遗址的第一人

一、名字的由来

清光绪二十七年（1901）正月，在山东省安丘县宋官疃乡一个叫万戈庄的小村庄，一个瘦弱的男婴出生了。其父为晚清落第秀才吴垌。彼时家里已有三男四女，年近五十再次得子的他依旧欣喜若狂。孰料孩子出生多日仍不哭不闹，令人忧心如焚。万般无奈下，他只好将其转交给孩子的外祖母陈氏抚养。陈氏原为潍县大户人家，此时家道虽已没落，却仍存薄田十余亩，且有专营古玩、金石、银器杂物店铺一处。自丈夫离世后，她终日吃斋念佛，广施善事，小外孙的到来为她寡居孤苦的生活带来了希望与欢喜。

吴金鼎（1901—1948）

熟悉晚清历史的读者，提及潍县一定会不由自主地想到大名鼎鼎的陈介祺先生。陈介祺（1813—1884），字寿卿，号簠斋，晚号海滨病史、齐东陶父，山东潍县（今山东潍坊）人，道光二十五年（1845）进士，官至翰林院编修。他毕生嗜好金石收藏与文物研究，仅三代、秦汉古印一项就有万余方，甚至对一般藏家不予重视的陶文都异常喜爱、多方搜求。他一生著作甚丰，有《簠斋传古别录》、《簠斋藏古目》、《簠斋藏古册目并题记》、《簠斋藏镜全目钞本》、《簠斋吉金录》、《十钟山房印举》、《簠斋藏古玉印谱》、《封泥考略》（与吴式芬合辑）等。由于其鉴精藏富、目光敏锐、见解独到，很受时人推崇，与江南学者潘祖

陈介祺（1813—1884）雕像

万印楼

荫并称"南潘北陈",名倾一时。陈介祺的"万印楼"也因此成为潍县的一张亮眼名片。受其好古之风影响,在晚清、民国时期潍县一度成为全国仿造、修复青铜器的重地。

说来也巧,外祖母陈氏不仅与陈介祺相识,论辈分陈介祺还是陈氏的族叔。贤淑聪慧的陈氏在"万印楼"众多的宝物中尤其钟爱毛公鼎。据说,她家中就藏有一张陈介祺亲拓的毛公鼎铭,她在闲暇之际时常把玩。或许是从中获得的灵感,陈氏为心爱的小外孙取了一个非比寻常的名字——吴金鼎,字禹铭,与《白虎通义·姓名》中"闻名即知其字,闻字即知其名"相符。盖古人取字,其含义往往与名相关,一人之名与字遂成"自昔相承之诂言"。冥冥之中,或许早已注定吴先生的一生将与古物结缘,并如毛公鼎一样命运多舛。

毛公鼎通高53.8厘米,腹深27.2厘米,口径47厘米,重达34.7公斤。口饰重环纹一道,器形作大敞口,半球状深腹,圜底,下附三兽蹄形足,双立耳。毛公鼎铭文长度接近500字(有497字、499字、500字三说),在目前所

毛公鼎及鼎铭

见青铜器铭文中为最长，至今无出其右者。据考证，铭文的内容是一篇完整的天子诏书，通篇记录了"王"对"毛公"的诰命。周宣王首先追述了先王文、武开国之初君臣相得的清平盛世，接着以怆念时艰的语言指出当下国家并不宁靖，亟思振兴朝政，乃请叔父毛公为其治理国家内外的大小政务，并饬勤公无私，最后颁赠命服厚赐，毛公因而铸鼎传示子孙永宝。毛公鼎不仅铸艺精良、铭文珍贵，而且其书体庄严宏大，堪为金文书法典范。清人曾言："毛公鼎为周庙堂文字，其文则《尚书》也；学书不学毛公鼎，犹儒生不读《尚书》也。"

毛公鼎于清道光二十三年（1843）被陕西岐山县董家村村民董春生在村西地里挖出。有古董商人闻风而来，欲以白银300两购得，但运鼎之际被另一村民董治官所阻，买卖没有做成。后古董商人以重金行贿岐山知县，董治官遂被捕下狱，后以私藏国宝治罪。此鼎事后被运至县府大衙，被古董商人悄悄运走，后辗转落入古董商人苏亿年之手。咸丰二年（1852），陈介祺又从苏亿年手中购得此鼎，始归陈氏收藏。陈介祺病故后，在时任两江总督端方的威逼利诱下，1902年陈氏后人交出此鼎。1911年，端方被派到四川镇压保路运动时被革命军所杀，后家道中落，其后人将此鼎抵押给俄国人在天津开办的道胜银行。

毛公鼎这一重器自然引来了无数人的垂涎。1920年，美国人欲出5万美元购买。时任交通部总长的叶恭绰等人提前获知消息，为不使国宝落入洋人之手，遂集资3万美元抢先获得，暂存天津大陆银行。1937年抗日战争爆发，叶恭绰避走香港，未能带走毛公鼎，将它藏在了上海的寓所里。毛公鼎几经易手，甚至差点被日本军方夺走，所幸其侄叶公超拼死保护，誓不承认知道宝鼎下落。叶恭绰为救侄子，制造了一只假鼎上交日军。叶公超被释放后，于1941年夏密携毛公鼎逃往香港。不久香港被日军攻占，叶家又托德国友人将毛公鼎辗转运回上海。后因生活困顿，他将毛公鼎典押给银行，由巨贾陈永仁出资赎出，毛公鼎才不至于流浪他乡。1946年，陈永仁将毛公鼎捐献给政府。隔年，毛公鼎由上海运至南京，收藏于中央博物院。1948年，国民党退守台湾，同时将中央研究院史语所、中央博物院筹备处、中央图书馆等机构的主要文物和图书一并运往台湾，其中就有珍贵的毛公鼎。

毛公鼎这一问世百余年的国之重器，许多人的命运因其交结，许多人的命运因其改变，而此间种种无疑是苦难旧中国的一个时代缩影。

二、问学齐鲁大学

或许是外祖母的至诚感动了上苍，孱弱的小金鼎在外祖母的精心抚育下不仅一天天恢复了元气，而且生得聪慧异常。转眼间就到了入学的年龄，外祖母将他先后送至安丘德育中学、潍县广文中学（今潍坊二中），接受新式教育。这两所学校都是洋人教会人士所办。后来广文中学改称广文学院，与齐鲁大学合并，成为齐大的一部分，这也为小金鼎日后问学齐鲁大学埋下了伏笔。

创办于1917年的齐鲁大学，同样是一所由教会人士主持的学校，由北美长

狄考文博士（1836—1908）

老会、英国浸礼会共同发起，来自美国、英国以及加拿大的多个教会联合举办，是中国最早的私立教会大学之一。而它最早的创办史，甚至可上溯至清同治三年（1864）美国教士狄考文博士在山东最早的通商口岸登州所办的"文会馆"（或称"登州书院"）。1904年，即庚子义和团被镇压下去的第四年，"登州书院"已然发展成为一所集文、理、医三科于一体的大学。学校早年由潍县的广文学院、青州的神道学院和济南的共和医道学堂三家教会学校合并而成，后来又有南京的金陵大学医科、汉口的大同医学院和北京的协和女子医学院并入。学校以医学院实力最强，坊间有"北协和、南湘雅、东齐鲁、西华西"之美称。辛亥革命后的1916年，三科汇集省会济南，改为由美、英等国十几个差会共同合办的"齐鲁大学"。正如齐鲁大学校长、哈佛大学毕业生刘世传所言："正如我的另一个母校，哈佛大学是美国最老的大学一样，齐大是中国最老的大学，绝对

登州文会馆

没有一个中国大学能在这一点上赶上齐大！"

　　尽管齐鲁大学声名显赫，但由于教会学校的性质及海外背景，长期以来并未得到民国政府与地方政府的认可，这一尴尬的形势直至1928年何思源担任山东省文化教育主管部门的最高行政长官之后才得以解决。

　　1930年，有一位美国修女远渡重洋历经辗转来到了泉城济南，并担任齐鲁大学女生部主任兼宗教学院教授，她还为自己取了一个中文名字叫"麦美德"。这并不是她第一次踏上这片古老神秘的东方土地。早在1887年，她就来到中国开始四处传教。1900年，八国联军在华的暴行激起了国人的奋勇反抗，在各地传教的洋人也顺理成章地成为国人发泄仇恨的"替罪羊"。这年冬天，山西太谷县县城中心的教堂被愤怒的百姓纵火焚毁，金发碧眼的教士们抱头鼠窜，身陷绝境。危急时刻，一位名叫孔祥熙的年轻人舍命从汹涌而来的棍棒下将一位修女藏匿起来，而这位大难不死的修女便是麦美德。这段死里逃生的传奇经历也因日后麦美德的生花妙笔而名扬海外。

　　正当英、美两国长老会的教长们为齐鲁大学的地位焦虑不安时，麦美德忽然忆起心中的"青年英雄"——此时已身居南京国民政府实业部长要职的孔祥熙。或许是曾经的生死之交唤醒了孔部长内心深处的回忆，在其斡旋下南京政府教育部很快就批转山东省教育厅呈文。1931年12月，南京政府准予齐鲁大学立案，亦即正式承认其合法地位。孔祥熙也欣然担任了该校的名誉校长。

　　1918年，17岁的吴金鼎以优异的成绩考入已在济南办学的齐鲁大学文理学院政治历史系。80年后，石舒波先生惊喜地在山东大学齐鲁医学院档案馆里发现了一份1918年的《齐大招考分数簿》，记载着这年2月入学的新生姓名和入学成绩。在近百名学生中，吴金鼎的入学成绩如下：

三角69、中史65、国文97、作文80、植物79、物理60、图画45、英文74

　　与他一同入学的另外两名安丘籍同学分别是刘一鹏、王学信，吴金鼎的成绩名列第一。当时任系主任的是美国人奚尔思，此人曾在德国获哲学博士学位，同时又教授欧美史，是一位学识渊博、教学严格的好老师，在学生中享有极高的声望。而另一位叫亨利·鲁斯的老师，则对中国史及经济学、哲学有很深的造诣。初到济南后不久，他便遍访齐鲁各地的名胜古迹，对山东的风土人情、人文地理非常欣赏，有时还会带着吴金鼎和其他同学一同出行，这对日后吴金鼎喜欢野外访古影响至深。吴金鼎在校期间所选的科目，也比较侧重自己更感兴趣的历史学和经济学。倘若将吴金鼎先生的学术道路进行划分的话，他师从奚尔思博士及亨利·卢斯先生的岁月无疑是其学术生涯的重要启蒙期。

吴金鼎在齐鲁大学学习期间表现非常优秀。1923年冬，他如愿拿到了齐鲁大学文理学院的毕业证。转年开学，他便被聘为齐鲁大学文理学院历史社会学系助教。这个历史社会学系就是由原来的历史政史系改名而来的。留校后，吴金鼎先生主要教授社会学、统计学和经济学，每周16个课时，每月工资为大洋50元。这样的助教生活直至2年后他考入清华学校国学研究院才结束。

三、初入清华园

清华学校即后来的清华大学，其校址原为清皇室的一处废园。1909年，清政府将其划拨给游美学务处，后经修葺成为清华大学的校址，其地毗邻"万园之园"的圆明园。在世人眼里，清华学校既是新世纪的产物，又是民族耻辱的象征，这一点也体现在它的另一个名字"赔款学校"上。

1900年是旧历庚子年，就在这一年英、美、法、德、俄、日、意、奥组成的"八国联军"攻陷了首都北京，一番肆意烧杀抢掠之后，又威逼以慈禧太后为首的清政府进行了战争赔款。次年9月，洋务大臣李鸿章被迫与列强签订了臭名昭著、丧权辱国的《辛丑条约》。该条约规定：中国依本国人口数量，以每人白银一两的价码，向"参战"的英、美、法等八国及"助战"的西班牙等共计十一国，共计赔款白银四亿五千万两，加上三十九年分年摊还的利息，共计白银九亿八千二百万两，由各国按各自"损失"比例支取。因定约于旧历的庚子年，故名"庚子赔款"。

美国作为主要的"参战国"，按条约可瓜分2 400多万美元。面对这样一笔数额庞大的飞来横财，连美国人都有些措手不及。加之当时清政府的驻美公使梁诚先生不断地与美方交涉呼吁要求核减退还，并多次上书朝廷"请将此项赔款归回，以为广设学堂，遣派游学之用"。与此同时，美国国内的一些人士也开始对中国留学生大批前往日欧而不来美国留学的这一现象大为恼火。伊里诺斯大学校长詹姆士在给总统罗斯福的一封信中曾谈及："哪一个国家能够做到教育这一代青年中国人，哪一个国家就能够由于这方面所付出的努力而在精神和商业上取回最大的收获。如果美国在30年前已做到把中国学生的潮流引向这一个国家来，并使这一潮流继续扩大，那我们现在就能使用最圆满和巧妙的方式，控制中国的发展——这就是说，使用那从知识上和精神上支配中国领袖的方式。"

正是在这一思潮的推动下，1908年5月25日，美国国会正式通过议案，宣布"将作为一种友好举动而退还"部分赔款。7月，美国驻华公使柔克义正式照会清政府外务部，宣布美国将从1909年起至1940年止将1 078.528 612万美元的赔款逐年月"退还"中国。同时规定，这笔款项必须由美中双方人员组成的董事会共同管理，专用以遴选中国留美学生和中美间开展文化科技交流之用。此外，双方还商定，在北京设立一所留学预备学校，即"清华学堂"。辛亥革命胜利后1912年又改称"清华学校"。

20世纪二三十年代的清华学校无疑是一所很特殊的学校：一、学制特殊，预科4年，高等科4年，共计8年；二、学校的归属不是教育部，而是外交部；三、学生毕业后可获官费赴美留学5年。从严格意义上讲，它就是一所留美的预备学校。正是由于这一特殊性，学校各方面的设置可谓"中西合璧"，且以"西"为主。这种重"洋"轻"中"的做法，自然引起了很多师生的不满。1925年，清华学校成立大学部，同时又增设国学研究院。校长曹云祥在《西方文化与中国前途之关系》一文中，阐述了当时创办研究院的缘由：

（一）值兹新旧递嬗之际，国人对于西方文化，宜有精深之研究，然后可以选择适当，融化无碍；（二）中国固有文化之各方面，须有通彻之了解，然后于今日国计民生，种种重要问题，方可迎刃而解，措置咸宜；（三）为达上言之二目的，必须有高深学术机关，为大学毕业及学问已有根底者进修之地，且不必远赴欧美多耗资财，所学且与国情隔阂。

国学研究院采取"导师制"，强调学生自修，学制为1年，办学的目标是训练"以著述为毕生事业的国学研究人才"，学科范围涵盖中国史、哲学、文学、语言、文字学以及西方学者研究中国文化的相关成果等。

1926年，吴金鼎如愿考入清华学校国学研究院，成为第二届36名学生之一，师从"中国考古学之父"李济博士，从事中国人种之研究。李济，湖北钟祥人，1911年考入留美预科学校清华学堂，1918年官费留美，入麻省克拉克大学攻读心理学和社会学，后改读人口学，1920年获得社会学硕士学位后转入美国哈佛大学，读人类学专业，获哲学博士学位。1922年，李济从哈佛大学毕业返回祖国，受聘于清华学校国学研究院，时任讲师。

据1927年6月出版的《国学论丛》第一卷第一号所载，李济先生给清华国学研究院学生所做的普通演讲（全院研究生必修科　每周2小时）课目在1925学年是"人文学"（当时对人种学或民族学的译法），1926年为"普通人类学"及"人体测量"。指导学科范围则为"中国人种考"，其要目包括：（一）北方民族汉化之程序；（二）族谱之兴废与人种之变迁；（三）各省城墙建筑年月考；（四）各省废城考；（五）云南人文考；（六）中国人之鼻形；（七）头形之遗传；（八）金之沿革。1927年开始，"普通人类学"改为"考古学"，当时考古学和人类学都是冷门，4届70余名学生就只有徐中舒和吴金鼎二人选修。此后吴金鼎的论文选题为《中国人种考》（正式

李济（1896—1979）

发表时修订为《山东人体质之研究》），可见吴先生的兴趣所在与治学路径承其师风，与李济先生如出一辙。

其后，随着国学院四大导师之王国维的去世、梁启超的离去、赵元任的出国，至1929年，开办仅4年的国学院宣布停办。然而令世人惊奇的是，这个仅存在4年的研究院却先后培养了74位毕业生。这批中国最早的研究生后来都成为各自领域内造诣颇深的学术精英，名冠一时，如：刘盼遂、吴其昌、王庸、周传儒、高亨、徐中舒、杜钢百、姜亮夫、戴家祥、卫聚贤、张荫麟、蒋天枢等。而在众多杰出的毕业生中，山东籍仅有吴金鼎先生一人。

四、重返齐鲁大学

吴金鼎问学清华的那段日子，李济先生正忙于在山西夏县主持发掘一处新石器时代的遗址——西阴村遗址。这是美国史密森研究院弗利尔艺术馆与清华大学的合作项目，更是第一次由中国人主持的考古发掘项目，在中国考古史上意义重大。由于发掘事项繁重，李济先生每学期回校讲课时间短至数周，对吴金鼎却产生了巨大且深远的影响。吴金鼎在1938年出版的博士论文《中国史前陶器》的引言中曾言："当李济博士在夏县史前遗址进行发掘时，我就读于清华大学国学院。李济博士将其发掘所得的遗物带回大学。从典型器物的展览以至李济博士及袁复礼教授在茶话会中关于发掘工作的演说都十分生动有趣，使我也不自觉地想象有一天能够发现一个遗址，研究它，发掘它，并撰写它的历史。"

吴金鼎在清华求学时异常刻苦，戴家祥（著名历史学家、古文字学家、经学家）在《致李光谟》（李济先生的独子）一函中曾说："李老师所讲的考古学与我们过去所讲的考古，或者挖古董，收藏古董，实在相去十万八千里，在第二届同学（中）只有吴金鼎一人选择这个专业。吴金鼎，山东人，毕业于齐鲁大学，看样子实在是个木讷君子，整天拿着本巨型的外文书。据寅恪师背地对我说：'吴金鼎英文好极了！'"

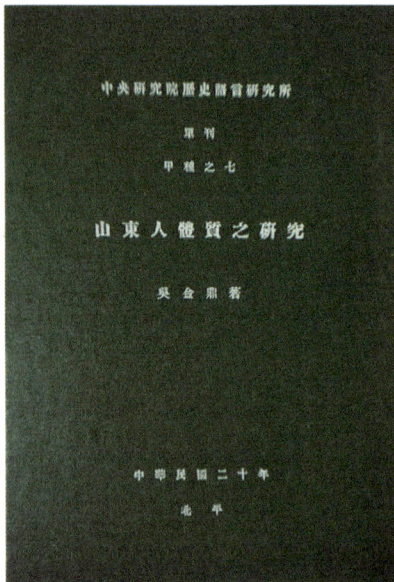
《山东人体质之研究》封面

1927年6月7日召开的研究院第12次教务会议审查并确认是年有30名毕业生合格，应给予毕业证书，李济先生也出席了会议，但名单上并没有吴金鼎的名字。是时，吴金鼎虽已完成国学院的全部课程，但尚未取得毕业证。想来1927年那个酷热的夏季，吴金鼎是带着怅惘和些许遗憾之情离开清华的。随后他返回母校齐鲁大学任教，此中缘由：一方面因母校齐鲁大学师资紧缺，急需人才；另一方面是齐鲁大地丰富的古迹令其心神向往。

吴金鼎虽回到山东，但并未放弃原先的选题。吴金鼎在其后出版的《山东人体质之研究》一文的"引言"记："民国十六年（1927）春，作者肄业于清华大学研究院……归鲁后任教齐鲁大学，逐日疲于校课，几无余暇得作课外之研究。所幸于学期之内尚有长短若干假期，稍得从事工作。"

回到母校后，吴金鼎开始利用假期继续先前之研究，并且以山东人体质作为研究课题，与全国人体质做比较，从而找出山东人体质异于他省人的原因所在，将在清华未完成的专题研究付诸实行。在清华期间，蒙助教王以中先生之助，吴金鼎已测量清华学生68人，继而清华放假整装回籍。为了方便吴金鼎回鲁后继续测量，李济先生更是慨允借以仪器。由此可见，李济先生对自己的学生异常喜爱与欣赏，他始终把吴金鼎当作自己学术工作的接替者来看待，这种深厚的师生情谊更是贯穿彼此的一生。1927年秋至1929年冬，2年来吴金鼎归鲁后共测量291人。其间，李济先生更是多次来信询问进展，吴金鼎终不负恩师。他将初稿《山东人体之特质》寄给李济先生，得到了极大的赞许。1930年春，吴金鼎被李济先生召至中研院史语所考古组，并立刻投入如火如荼的殷墟发掘中。在紧张的发掘空隙，吴金鼎紧锣密鼓地将《山东人体之特质》一文加以修改润色，后更名为《山东人体质之研究》，并以此顺利通过毕业答辩，如愿地拿到了清华国学院毕业证。

《山东人体质之研究》一书后被列入"国立中央研究院历史语言研究所"单刊甲种之七，1931年出版。全书共分引言、测试方法、计算方法以及结论等9章，对世代生活在齐鲁大地的山东人进行了体质细化，分析山东人体所以异于其他省份人体的基本因素。数据表明，当时山东省有县107个，人口约3 000万，规模十分庞大。该书的出版不仅有助于我们了解山东人的体质，同时也为当下已为显学的人类体质学的研究提供了重要的数据参考，具有极其重要的理论性与实践性。此外，本书是迄今为止唯一一部研究山东人体质的专著，其意义更是毋庸赘述。

在齐鲁大学任教的短暂日子里，吴金鼎经常利用闲暇从事考古勘察，而城子崖遗址的调查无疑是其间最重要的发现。这一发现也注定了那个叫吴金鼎的年轻人将青史流芳。

五、遇见城子崖

穿越时光的隧道，我们对城子崖遗址的问世实在有一些梦幻的感觉，因为它的发现充满了神奇，又颇具戏剧性。城子崖遗址的发现对整个考古学界产生了巨大的震撼，而它却只是时代布景的一帧匆匆剪影。

1928年3月24日，天气正是乍暖还寒时，一辆从济南开往青岛的火车途经龙山火车站时下来两位乘客：一位是吴金鼎，另一位是崔德润（另有一说为张敦讷）。二人此行的原因有二：一是吴先生"尝思济南故址既在平陵，当然有其遗迹物可供吾人之研究与欣赏。每欲东去七十里外，访其故址"；二是"予（吴金鼎）友崔德润先生……一日语余，谓平陵故城即在龙山镇东……而崔君亦愿与偕"。

二人来到龙山镇后，找到当地小学教师张绳五当向导，前往古城。"出

JINAN

17

第一章 发现城子崖遗址的第一人

镇东北行，经一河水即水经注所谓武源者是也。河东岸系黄土峭壁，高三四丈。大道穿过，割为深沟……沟之两壁上微露灰土及陶土等物。余颇异之。"这是目前所见吴先生发现城子崖的最早纪录，然因此行为东平陵而来，故不便逗留。

仅10日后（4月4日），吴先生就带着疑义第二次来到了龙山。此行和张绳五出了村北站在高地上往镇东望，看到一个小城垣状台地。张绳五告诉他，那是城子崖，俗称"鹅鸭城"。此次考察经过详见《平陵访古记》：

本日上午，余有重要之发现。……偕张君往村北深沟，从事勘查。甫抵沟之南崖。就高埠上向镇东一望，遥见一小城垣状之台地。询之张君，盖即吾人前次往平陵所经过之台地，余曾怀疑其灰土层者也。……先自北端而登，至台西边之高崖下。沿崖南行。见火烧之遗迹，红土堆积甚厚。烧火之处似俱一定之形状者。崖上之灰土包含层极为显著。中含陶片，石块及贝骨等物。颇与吾人所常见者不同。……余心不禁狂喜。盖前次余所疑者，今日得其实据矣。自思此址既有此类陶片及骨器，当然必有石斧石刀一类器物，可期将来之发现也。细察包含层中无砖瓦碎块，无金属及瓷器碎片，亦无煤渣之遗迹。与平陵大异其趣。其年代之较为久远，自不待言。……

临行于崖上掘取陶片若干，作为标本。并作此行之纪念。自此之后余始确切认定此遗址包含层中所蕴蓄之重大意义。……盖余已证明此龙山遗址，确为新石器时代之一村落。一部古代史迹深藏黄土层中。嗣后余将牺牲所有余暇，尽吾全力以求此遗址之了解。

这一城垣状台地的发现令吴先生惊喜万分，临行前他又忍不住捡拾陶片若干。回到研究所后，吴先生按捺不住兴奋的心情，立刻将调查情况向李济先生做了汇报。转年7月31日，已为史语所助理的吴金鼎又奉李济先生之命第三次来到了龙山，此行的目的是考察遗址的范围和文化层厚度，这次同行的还有齐鲁大学一黄姓学生。吴金鼎开始从地平下一丈二尺的地方凿一斜洞，挖了约半尺深，便发现一个完整的石斧。第二天，他对这个遗址进行全面勘察，地层的土色不是红色就是灰色，包含物品以陶片最多，另有骨、贝、石器等。单从陶器看，最下层有一种黑色油光陶片，还有一种白色陶片。

调查还涉及遗址的微地貌形态，观察到遗址表面呈现台阶状："台阶之分层，大道沟以北分三层，台亦较高；以南分二层，台较低，且愈南愈低。统全台之大势而言，西高而东低。"如今城子崖经过多年机械化耕作，已不复当年形状。故这些描述非常重要，包括后来吴金鼎提到的"冲刷层"和"鱼脊背"，提供了城子崖早年间更接近原始地貌的形态资料，为我们判断地下埋藏和重要功能区的分布，保留下了更多的线索。这次龙山之行，吴金鼎大致摸清了城子崖遗址的范围和文化堆积状况，对于遗址所蕴含的文化属性，也做出初步的谨慎的判断，特别是注意到不同层位出土遗物的区别：

——遗址之最下层即有砂泥灰色陶片。

——地平面上确有煤渣。

——油光陶片或系龙山遗址文化（后简称龙山文化）之特点。

——白色陶片自中层始有之（？）。

——至少自中层以下未见有金属。

彼时，他已经开始将磨光黑陶定义为龙山文化的代表特点，并注意到此时金属器还没有出现，应该属于新石器时代文化。回到济南后，吴金鼎立即将考察情况整理上报史语所。

李济博士详看了报告后异常兴奋，因为这是中国人在自己国土上发现的为数不多的史前文化遗址。鉴于此事意义重大，他必须谨慎。8月12日，吴金鼎受命第四次来到龙山，这次他的主要任务是考察城子崖周边的古遗址分布情况。用了5天时间，吴金鼎将城子崖周边七八里的范围地毯式地考察了一遍。此次调查，重点虽已不在城子崖，然这里仍是他最为关心的地方。他在这次调查中采得一些标本，如花纹陶片盖、破碎石器、兽骨、兽牙及骨制品碎片数块。吴金鼎在这次调查中记录到：

东河名武源，西河名巨野。武源水之源在镇东南十里外。……城子崖，俗名"鹅鸭城"……常掘出陶器……

于通过遗址之大道南边，约在全址中部之处，发现一片被水冲刷极显著之区域。余即名之曰"冲刷层"。层中豆颈、鬲足、贝壳骨石片与黄陶片、煤渣、瓷片交相杂处。

这片所谓冲刷层就是遗址中部的低洼地。20世纪90年代初进行的考古勘探发现了这里淤土范围达1万平方米，是遗址中部一处重要的功能区。

通过这次考察，吴金鼎不仅初步掌握了城子崖遗址周边环境、文物分布情况，更重要的是这次考察的资料进一步坚定了他本人对发掘城子崖的期盼，他坚信这些考察结果必能使中研院史语所下定发掘城子崖的决心。为进一步掌握城子崖遗址的文化内涵，为正式考古发掘做更充分的准备工作，9月28日，吴金鼎第五次来到了龙山，在遗址中部一个叫"鱼脊骨"的地方，进行了小规模试掘，掘出了与石器、骨器共存的一种罕见的"油光黑陶片"。吴金鼎推测："油光黑陶片或系龙山遗址文化之特点。"这一发现令他陶醉甚至兴奋得失眠，《平陵访古记》载：

是夜于床上矢誓曰，将来机会苟如我愿，吾必在鱼脊骨上凿百丈长之深沟，以窥龙山文化之底藉。时至今日，此志此愿犹未忘于心也。

10月9日，吴金鼎第六次来到了龙山，采取以前惯用的"向壁深凿法"，即就大道旁东西两台之最高壁上开始工作，每获一物即记其离地平之深度及其在遗址之部位，以备将来之考究。计此次所获重要物品，有石斧、石凿、油光黑陶杯，皆较完整，还有陶片标本、碎石器、骨贝数块等。

从1928年3月24日至1929年10月9日，吴金鼎以高度的耐心和顽强的毅力六赴城子崖遗址进行调查，他细致专业的前期勘察也为日后的正式发掘做足了准备。当一份翔实的《申请发掘城子崖遗址的报告》放在史语所所长傅斯年先生的办公桌时，这位提出"上穷碧落下黄泉，动手动脚找东西"的著名历史学家，为慎重起见特安排李济亲赴山东核查。此行除考察城子崖外，还有另一个重要原因即落实临淄城的发掘。

多年来傅斯年一直相信中国必有异于西方的古代文化系，加之又是山东人，因此他很自然地做了"向山东去考古"的"向导"。在《城子崖》序中他提及："凭借现有的文籍及器物知识，我们不能自禁地假定海边及其邻近地域有一种固有文化，这文化正是组成周秦时代中国文化之一大分子，于是想，沿渤海黄海省份当在考古学上有重要的地位，于是有平陵临淄的调查。"为了实现这一计划，吴金鼎曾受命与同乡临淄人于道泉先行往临淄做了为期1个多月的考察，收获颇丰。考察期间，他们多次向傅斯年、李济等汇报当地情况："到了营丘，惊见临淄古迹已被公然发掘，亦喜得从发掘的沟中稍得领略临淄文化层之内容……直到今天所得的印象就是临淄古迹之值得发掘是毫无疑问的，希望傅先生马上就来山东接洽一切。"

李济的山东之行大概就是为落实该计划，但结果却出现了戏剧性的转折。在吴金鼎的陪同下，李济先来到临淄做了细致的考察，在返城途中才来到城子崖。但出其不意的是，李济在看过城子崖之后就毅然放弃了原先的计划，改以城子崖为首掘点。李济称当时的感想是"极简单、决绝的"，其主张发掘的理由更是"极充分的"。傅斯年所长在听完李济、吴金鼎师徒的汇报后，认可了其发掘的可行性。此时距城子崖的正式发掘尚需傅所长一次"说走就走"的齐鲁行。

李济博士考察城子崖

JINAN 济南故事

第二章

城子崖遗址的第一次发掘

或许很多人对这段历史早有耳闻，但城子崖遗址的发现及之后龙山文化的确定过程并非只是简单的勘察，而是持续的发掘和不懈的钻研。在那个国破家亡、动荡不安的岁月里，考古工作者面临着今人难以想象的困难与恐惧。无数的考古人披荆斩棘、前赴后继，将发掘视为使命，将工作视作信仰。留给我们后人的不仅仅是一次次石破天惊的发现，更多的是念兹在兹的执着梦想和矢志不渝的民族担当。

一、殷墟发掘的终止

古时人们多把废弃的都城称作"墟"。"殷墟"顾名思义即殷人曾经的都城，这一名称最早出现在《史记·项羽本纪》："项羽乃与（章邯）期洹水南殷虚上。"殷墟位于安阳市西北小屯村一带，自盘庚迁殷到纣王自焚，建都共273年。清朝末年，小屯村的农民经常在农耕时挖出一些龟甲、兽骨。这些甲骨有的被用作栽培肥料，有的被填塞枯井，有的被随意丢弃，更多的被磨去刻字当作龙骨卖给中药铺。

清光绪二十五年（1899），国子监祭酒王懿荣因病在鹤年堂买药，深谙古文字的他无意间发现龙骨上的字竟然是商代文字。随后的2年间，王懿荣不惜以每字2两银子的高价，从古董商范潍卿等处大量收购甲骨，一时间市面上龙骨难见，奇货可居。古董商们为谋取暴利，更是多次隐瞒谎报出土地点，诡称甲骨出于河南汤阴或卫辉。直至1905年，罗振玉亲赴殷墟，才证实小屯即西汉以来史书中所说的殷墟，大量的甲骨应出于此处。

彼时学界盛行疑古思潮，顾颉刚先生提出了"层累地造成中国古史观"一说，即战国之前无信史说风行一时。如此一来，要想修出可信的古史，就必须要寻找可信的资料，这一切只能求助于刚刚传入中国的考古学。李济先生在《河南考古之最近发现》一文中曾指出："近十年来，史学上的讨论非常热烈，顾颉刚先生提出上古史上许多问题，尧舜禹是'人'或'物'的辩论，就是一个极有趣的问题。但是辩来辩去，只根据那残缺的文字记载，难得可依信的结论。因此，我们觉得非得从地下去找新的史料不可。"正是基于如此背景，史语所考古组把第一项考古工作就选在了安阳殷墟。李济的学生、著名的考古学家张光直曾言："如果中国考古学起步阶段选择的是一个史前遗址，而不是像殷墟这样一个历史遗址，中国考古学后来的发展也许会是另外一种情况。"这也注定中国考古学从一开始就担负着"证经补史"的重任，这一点也迥异于国外的考古。

1928年10月13日一早，随着清脆的号响，安阳殷墟的第一次发掘工作正式开始。此次发掘队伍由董作宾、张统三、郭宝钧三人组成，负责人为河南人董作宾。李济先生在《南阳董作宾先生与近代考古学》一文中曾提及任命董作宾为负责人的原因：

中研院特别委派他主持这次重大发掘的原因是：第一，他是最早到安阳的；第二，他是一位河南学者，他的意见对河南省教育界及乡镇人士有决定性的影响。在中央研究院从事田野考古工作以前，北平学术界曾在河南及其他地方尝试过好多次发掘工作，但都失败了，最大的原因就是地方人士强烈反对。所以，在民国十七年至十九年前后这一时期，我们所面临的最困难的问题，就是如何说服地方学术界与中央合作。

彼时的殷墟已被人肆意盗掘了近30年，大量的甲骨被贩卖，随意的挖掘更是严重破坏了地下堆积层，打乱了甲骨与其他出土物之间的关联。在挖掘过程中，部分村民只顾经济利益，把一些小块有字的甲骨随意丢弃，大量具有学术价值的无字甲骨被视作垃圾，一些青铜重器更是被贩卖流离，更多的骨器、石器因没法卖钱而被破坏丢弃，文化财富遭受不可估量的损失。

尽管史语所考古组从进驻殷墟开始就十分注重与地方政府搞好关系，安阳县的县长也曾多次派军驻扎保护，然而随着挖掘的深入，加之当时社会秩序混乱，土匪与驻军间时常发生武装冲突。更为过分的是，当地悍匪甚至直接闯入工地进行抢夺式的掠掘。为了保护出土文物及考古队员的安全，发掘工作只好时断时续。就在第三次发掘工作开始不久，河南省民族博物院院长兼图书馆馆长何日章就率队进入殷墟，声称自己是奉河南省政府的命令前来进行发掘。原来在第二次发掘结束后不久，李济博士曾将部分出土文物带回北京，此举引起了地方人士的极大不满。他们认为这一做法不仅造成了本省文物的流失，而且也是不尊重河南省政府，加之科学的发掘流程极大地损害了当地盗掘者和古董商的既得利益，一时间考古组竟成了众矢之的。

尽管史语所对何日章等的行径极为不满，但无奈强龙难压地头蛇。第三次发掘结束后不久，以何日章为首的河南地方派又对史语所考古组进行了强烈的攻击，质疑他们在殷墟发掘的合法性。更有甚者，何日章等还命人撰写了一本名为《发掘安阳殷墟甲骨文之经过》的小册子，文中有大量诋毁考古组的文字。同时何日章还向河南省政府提交报告，要求省政府拒绝史语所考古组在殷墟的发掘。1930年，第四次殷墟发掘尚未开始，以何日章为首的地方势力公然抢占小屯村。后来考古组尽管多次与地方势力交涉商谈，然迫于何日章背后有河南省政府的支持，加之彼时河南忽然又变成了中原大战的中心，史语所在殷墟的发掘只能在一声叹息中又一次戛然而止。

考古组撤出河南后，当务之急是寻求下一步的发掘地点。正当此时，李济、吴金鼎师徒力荐对城子崖进行发掘。前文已提及城子崖遗址位于山东省济南市章丘县（今章丘区）龙山镇，地处胶济铁路北侧、巨野河东岸，因在遗址发掘过程中发现板筑城垣，故名"城子崖"。吴金鼎先生曾六次对其进行考察，并在先前已向史语所傅斯年所长递交了翔实

殷墟第三次发掘考古组全体合影（后排左四为李济）

的发掘计划书。傅斯年所长考虑到当下的时局，加之研究所目前的财力、人力绝不允许再拈起一个与殷墟类似的短时间不能解决的问题，所有这一切都客观上促成了城子崖遗址的第一次发掘。

二、山东古迹研究会的成立

傅斯年，字孟真，于清光绪二十二年（1896）3月26日生于山东聊城的一个名门望族，其六世祖为满清入关后顺治朝首任状元傅以渐，祖父是拔贡生，父亲是举人。在祖父的悉心教导下，他自幼饱读经书，打下了深厚的国学功底。1913年，他考入北京大学，经3年预科学习后升入本科，以深厚的国学功底深得国学大师刘师培、黄侃等人器重。1919年夏，傅斯年大学毕业后考取庚子赔款的官费留学生，负笈欧洲，先后入英国爱丁堡大学、伦敦大学、柏林大学研究学习实验心理学、生理学、数学、物理、爱因斯坦的相对论、勃朗克的量子论及比较语言学等。

傅斯年（1896—1950）

1926年冬学成归国后，傅斯年先后任广州中山大学教授，兼文科学长及国文、历史两系主任。1927年秋，傅斯年在中山大学创办了"语言历史研究所"。1928年10月，傅斯年又在中山大学语言历史研究所的基础上，筹备建立了中央研究院历史语言研究所。史语所成立后，他即任所长，直至1950年去世。在筹建史语所的报告中，他写道：

此虽旧域，其命维新。以我国此项材料之富，欧洲人为之美慕无似，果能改从新路，将来发展，正未有艾。故当确定旨趣，以为祈向，以为工作之径，以吸引同好之人。此项旨趣，约而言之，即扩充材料，扩充工具，以工具之施用成材料之整理，乃得问题之解决。并因问题之解决，引出新问题，更要求材料与工具之扩充，如是伸张，乃向科学成功之路。

将历史、语言并列合称，很可能是他根据德国洪保尔德学派的理论，经过深思熟虑做出的决定。在史语所成立大会上，傅斯年更是直抒胸臆："我们不是读书的人，我们只是上穷碧落下黄泉，动手动脚找东西。"傅所长任职期间，培养了大批历史、语言、考古、人类学等方面的专门人才。殷墟发掘受阻后，为进一步落实城子崖的发掘及避免前期与河南省政府的摩擦，1930年10月25日，傅所长来到了山东省城——泉城济南。

由傅斯年亲自出面，不仅可以看出中研院和史语所对此事的重视程度，而且围绕他"山东人"这一特殊身份所建构起来的重重公私关系，也使得史语所考古组在日后山东的工作显得要比在河南得心应手得多。后来的事实也证明，即使是在纯粹学术的工作环境中，乡谊私交也会产生令人想象不到的奇妙功效。

此时主政山东的是韩复榘。韩复榘，字向方，直隶省顺天府霸州煎茶铺镇（今河北省霸州市）人，原为冯玉祥手下的十三太保之一，在中原大战前脱离冯玉祥投靠蒋介石，被委任为山东省主席。傅、韩二人早已相熟，当年史语所在河南安阳殷墟发掘时，韩复榘恰为河南省政府主席。为确保发掘工作的顺利，韩复榘曾派出兵力维护现场的安全，令考古组同仁大为感激。

不仅如此，此时任山东省教育厅厅长的何思源更是傅所长多年的至交。尽管韩复榘到任后曾将原山东省政府的人员进行了大改组，何思源却是唯一从上届政府蝉联下来的本省人选，料想与其

何思源（1896—1982）

出众的才能不无关系。何思源，字仙槎，山东菏泽人。1915年，他考入北京大学；1919年，他与傅斯年一同考取公派留学；1923年，傅斯年转入柏林大学时，何思源也来到这里。3年后，两人留学归国后又一同就职中山大学担任教授，何思源任经济系主任兼国学馆长，傅斯年任国文系主任兼国学研究所主任。两人相识多年，志趣相投。当时的教育厅除主管教育外，还兼管与文化相关的事项，这也为傅斯年来山东进行考古工作提供了极大的便利。

听完傅、何二人发掘城子崖的提议后，韩复榘当即表示："古物金石，关系历史文化，极为重要，复榘向来倍感关切。傅先生此来，是为吾乡添彩之盛举，复榘愿全力以赴，以供驱使！"史语所这边也充分吸取了殷墟发掘的经验教训，决定先与山东地方政府搞好关系，以免节外生枝，其中一个重要举措就是成立了一个由中研院主导又兼具与地方合作的学术机构——山东古迹研究会。

10月27日，傅斯年所长经与山东省教育厅厅长何思源反复多次磋商之后，正式致函山东省教育厅：

迳启者：

查国立中央研究院自设置敝所以来，对于中国考古学稍有所贡献，颇引起若干极重要之古代文化史问题。夙知贵省富于古代遗迹，目下调查所知，已知临淄县齐故墟及历城县平陵故墟颇出异样之陶片等，兹由敝所傅所长前来，与贵厅何厅长当面接洽一切，金以为若借此时中央研究院专门人才之力作山东考古学之研究，必于中国史学有甚大之贡献。兹拟定办法八条，耐烦贵厅提出贵省政府政务会议通过，敝所当再呈请国立中央研究院备案。事关中国学术之成就，想当乐于合作也。此致山东省政府教育厅

国立中央研究院

此函第二天即由山东省政府第十一次政务会议讨论通过，这是一项令双方都很满意的协议。值得一提的是，此函明确了古物的归属权归山东省，中研院具有研究权，可谓各得其所。其具体合作的8项内容如下：

国立中央研究院、山东省政府合组山东古迹研究会办法：

一、兹经国立中央研究院之提议，由国立中央研究院与山东省政府各聘委员二人至五人，组织山东古迹研究会。

二、国立中央研究院所聘委员由国立中央研究院历史语言研究所推荐之，山东省政府所聘委员由山东省政府教育厅推荐之。

三、本会设委员长一人，工作主任一人，秘书一人，由委员互选任之。

四、本会工作暂分调查、发掘、研究三步。其科学的指导之责由国立中央研究院任之，其保护之责由山东省政府任之。

五、本会会址设于济南，并于发掘地点设立办事处。

六、本会工作费用由国立中央研究院与山东省政府分任之，遇必要时由国立中央研究院独任之。

七、发掘所得古物均存置本会，以便研究。惟因研究之方便，得由本会通过，提出一部分在他处研究，但须于一定期内交还本会。

八、现在发掘工作暂以龙山及临淄为试办区。

三、新闻发布会的召开

随即，山东省教育厅致函历史语言所告知8条合作办法已经通过，拟聘王献唐（省立图书馆馆长）、杨振声（国立青岛大学校长）、刘次箫（教育厅秘书）和张敦讷（济南高级中学校长）四人为省方委员。据王献唐先生的日记可知：10月27日起程回济南，"九时半开车，乘客甚拥挤"；28日"早八时车到济南，一夜不睡，身体甚倦……闻何厅长今日回籍，旋赴厅谒见，谈多时，并言山东省政府与中央研究院合组一山东古迹研究会，发掘临淄、龙山两处古迹，省府方面邀余为委员，并出示简章"；29日"七时半起，阅报，昨日省府会议已通过山东古迹研究会简章，并推余为委员……接省政府聘函"。

约略同时，史语所也很快聘妥傅斯年、李济、董作宾、郭宝钧等四人为所方委员，并于11月3日复函山东省教育厅。双方委员均已聘完，现在只差一个宣布成立的仪式了。11月4日，中研院与山东省政府合组之山东古迹研究会在济南山东大学工学院如期召开了成立大会，并挂牌正式开始办会。出席大会的有杨振声、刘次萧、张敦讷、李济、傅斯年、董作宾等，王献唐因病未参加。大会选举傅斯年为委员长、李济为工作主任、王献唐为秘书，并推举委员李济和刘次萧起草研究会组织大纲等事项。次日召开第一次全体大会，商讨办事章程以及与青岛大学合作办法等相关事宜，现择其要者摘录如下：

山东古迹研究会办事章程

一、组织

本会根据国立中央研究院、山东省政府合组山东古迹研究会办法组织之。

二、委员会

本会设委员会，由山东古迹研究会委员组织之，筹划议决一切研究进行计划。开会以全体委员过半数为法定人数。

三、职员

本会委员长为委员会主席，召集一切会议，并执行一切议决案件；工作主任负责组织一切调查发掘与研究；工作秘书处理本会一切常务。任期均为一年。

四、顾问及研究员

本会因工作需要，得聘请顾问及研究员。

五、工作进行

本会每预算年始将一年工作计划、每预算年终将一年工作成绩，分别报告于中央研究院及山东省政府，以备查核。

六、章程修改

本章程如有未尽事宜，经委员会之议决，得随时修改。

附委员名单

傅斯年 委员长；李济 工作主任；王献唐 秘书

杨振声、刘次箫、张敦讷、郭宝钧、董作宾

至此，山东古迹研究会合组过程完成，紧接着在11月6日又在山东大学工学院召开了新闻发布会。这一天工学院的大礼堂内，人头攒动，热闹非凡，闻讯而来的新闻人士和各大高校学生将礼堂挤得水泄不通。韩复榘主鲁后，对新闻舆论的管制有所松动，各色新闻机构比张宗昌统治时大为活跃，而且在数量上也大为增加。仅驻济的机构，除了《山东民国日报》、中央通讯社等官办的舆论机构外，尚有《华北新闻》《济南晚报》《东鲁日报》等20多家民营报刊。这些媒体中尽管不乏粉饰太平、麻痹民众之流，但仍有不少报刊洁身自好，激浊扬清，彰善瘅恶，对于民族文化更是抱有极大的热忱与喜爱。

新闻发布会的当天，何思源厅长特到会助兴并主持了整场会议，当时年仅34岁的李济博士向驻济的新闻媒体说明了来山东考古的意图及发掘城子崖的缘由。值得欣喜的是，虽然事隔多年，但是山东省图书馆仍珍藏着当年的会议全稿。透过这些泛黄的文字，我们重温了第一代考古人的担当：

（一）现代中国新史学最大的公案就是中国文化的原始问题；要研究这个问题我们当然要择一个若明若昧的时期作一个起发点。这个时期大部分的学者都承认在秦、汉以前的夏、商、周三个朝代，因为我们中国文化的基础是在这"三代"打定的。要能把这将近两千年的文化，找出一个原委，中国文化的原始问题，大部就可解决。这个时代的晚期，虽已文字大备，然而经了秦始皇一把火，传下来的可靠的史料，实在有限得很。所以我们要求这一时代的史料，除文字外，不可不注重无文字的器物。器物制作，最足以代表时代的精神。由此我们不但可以看出当代的风尚，并且可以看得出当时一切生活的状态及工业的程度。在这种立场，我们认定只要是这一时代留下来的人工制作的东西，随它们是残的，或是整的，都是我们的重要史料。周朝是盛用铜器的时代是没有疑问的了。据我们在殷墟的发现，商朝晚期铜器制作，业已进到很高的境界。但那时尚没完全脱离用石器的习惯。那时的人民，尚继续的以石作刀斧等器，至于商朝的早期，我们就差不多完全不知道。但我们可以想象到愈比这时代早，铜器必愈少，石器必愈多；直可以早到只有石器没有铜器的那一时代。要是我们能够如此一步一步地追寻出来，中国早期文化递嬗的痕迹，当然也就看出来了。因此，我们认定凡出石器的遗址都可以供给我们研究这期历史的材料；城子崖既有石器的遗存，就是我们选择城子崖发掘的第一个理由。

（二）还有一个更重要的理由：近数年来，中国考古界对于中国石器时代文化的研究，已有很重要的贡献。在奉天、山西、河南、甘肃一带均作过些较有系统的发掘。这类的研究，不但替中国史学界开了一个新纪元，并且已得到了世界考古学者的充分注意。换一句话，中国石器时代文化问题，已成为一有世界性的学术问题。但由这类材料的发现，再回顾中国文化的原始问题，虽说添了好些光明，同时也把它弄得更复杂了。因为这几年在奉天、山西、河南、甘肃一带所发现的石器时代的遗址，大部分都包含着一种特殊的陶器，陶器上有彩画的装饰。这种带彩的陶器，与中亚、小亚细亚以及东欧所出的均有若干相似处。这就是外国考古家注意中国这种发现的基本原因。由这种材料的比较，就有好多学者指它们为中国文化原始于中亚的证据。所以近数年来，那沉默了三十年的中国文化原始于西方的学说，差不多又复活起来。这学说自然由此得了些强有力的新依据。不过就这些已经发现的石器时代的遗址地域上的分配看，尚不能给这"西来说"一个完全实证。因为这种带彩陶器所占据地方，只在中国西部及北部。东北部的大平原，如河北省的东南，河南的东部，以及山东一带，尚没有发现这类的陶器。所有这些新发现研究的结果，令人自然地想到下列的问题：中国内地东北平原是否也有个石器时代？要有的话，是否也有带彩的陶器？城子崖的地点居这东北大平原的中心点，它不但出了石器，并且出了与西部、北部石器时代遗址完全不同样的贵重陶器。这种石器时代的遗存，在中国内地尚是头一次发现，中国商、周的铜器文化的关系很密切。它的重要性，是研究这类问题的人一看就知道的。

随后还有记者对公众关注的热点问题提问，如：考古者与盗墓者的异同？李济博士严正指出："我们与盗墓者在工作方式上有相同之处，都是干的掘人祖先墓庐的营生。但我们与他们的目的与方法却截然不同。从古至今，贪嗜成性的古董商人肆意掠盗、无所不为，致使中国众多考古遗址惨遭破坏，令人不胜惋惜。此辈歹徒之卑劣采集手段，导致广大公众对古器物之出土地点、层位及连带关系全然无从得知；而此种知识乃为进一步系统发掘所必具备。古遗址之惨烈破坏，遗物之四散流失，唯有实行以科学发掘为宗旨之考察方得遏止。科学发掘之结果，不仅能以古代遗址及遗物之科学价值取信于公众，并能促进对其施加必要保护，并传布科学考古学知识之进步。"

另有一位记者提问："Doctor李，我有两个问题要请教：一、你们在龙山镇会不会挖到很多宝贝？二、这些宝贝会不会像你们在河南所做的那样，统统运回北平？"这一问题恰恰也反映了很多人的心声。只见李济博士从容地答道："这位先生问的正是许多人有疑虑的。但我首先要纠正的是考古不是挖宝，因为在我看来，对于增进我们对于历史的学问来说，地下的瓦砾骨头与黄金珠玉并无区别。其次，我要说的是，即便我这湖北佬存心要把你们山东的'宝贝'偷走，我们的傅所长和我的学生吴金鼎先生也不会同意，因为他们二位都是地地道道的山东人。"李济博士幽默与机智的回答瞬间打消了听众的顾虑，新闻发布会也在一片笑声中圆满结束。

四、城子崖的首掘

结束了新闻发布会，送走了前来采访的各路媒体朋友，李济先生又做了首掘的具体分工与安排。此次参与城子崖首掘的工作人员，除考古组李济主任外，还有董作宾、郭宝钧、吴金鼎、李光宇、王湘五人。李济、郭宝钧、董作宾三人皆为当时已卓有建树、经验丰富的考古学者，均过而立之年。其中郭宝钧已37岁，年龄最长；吴金鼎、李光宇、王湘都是30岁以下的年轻人。这无疑是一支年轻有为、朝气蓬勃的队伍。

郭宝钧，字子衡，河南南阳人。1928年，他曾以河南省教育厅代表的身份参与了史语所在安阳殷墟的首次发掘，随后正式进入了研究所。董作宾为其同乡，字彦堂，1895年生。1924年，董作宾北大研究生毕业后，先后在福建协和大学、河南中山大学和广州中山大学任教。1928年调入史语所不久，董作宾就领导了在殷墟的首次发掘。董作宾也因其在甲骨学上的卓越成就，而与观堂王国维、鼎堂郭沫若、雪堂罗振玉并称"甲骨四堂"，享有"堂堂堂堂，郭董罗王"的美誉。

吴金鼎作为发现城子崖遗址的第一人，虽年仅29岁，但凭着扎实刻苦的作风，在考古工作中已能独当一面。吴金鼎作为一名山东人在与地方人士的相处中更显得"不徐不疾，得之于手而应于心"。在考古组工作人员中，20多岁的李光宇才从清华大学毕业不久，就参加了考古所在安阳殷墟的发掘。他毕恭毕敬的性格与脚踏实地的作风，使大家对其另眼相看。20岁出头的河南人王湘是董作宾先生的表弟，是考古组里的小弟。他清华毕业后就加入了考古组，并以出色的表现深得李济先生的欣赏。

各人的具体分工如下：董作宾负责文书，郭宝钧负责编号，吴金鼎负责事务，李光宇担任会计，王湘负责整理发掘工具，李济负责全面指导工作；此外，省方委员杨振声、王献唐、刘次箫、张敦讷除参加发掘现场的工作外，主要分管与有关各方的联络、出土古物的保管和后勤服务工作。

一切安排妥当后时已过午，教育厅厅长何思源建议大家休整一下，明日再赴龙山。发掘心切的考古人见天色尚亮，考虑到现在10月已尽，不久后严冬来临发掘工作必不能进行。为了在"地冻之先工作告一段落"，李济先生决定放弃休整，快马加鞭直奔龙山。下午进驻龙山后，考古组租用了村东一家农户院内的两间草房，并在门口郑重地挂上了"山东省古迹研究会龙山办事处"的牌子，开始正式挂牌办公。

这崭新的招牌刚挂出来，就吸引了众多周边的庄稼汉前来品头论足、徘徊观望。王献唐正好借势用地道的山东方言开始游说招工，告诉乡邻们"掘地"每日可得4角工钱。这对秋收之后无事可为的庄稼汉来说，无疑是巨大的吸引。这兵荒马乱之年，能吃顿饱饭已属不易，4角钱足可以买到4斤鸡蛋。大家不由得热情高涨，纷纷毛遂自荐。王献唐一会儿就招满了人。随后，李济

第二章 城子崖遗址的第一次发掘

先生又简要介绍了注意事项、发掘要求等，也算是简单的入职培训吧。

相关的发掘工具如铁锹、铁锄等农具类由民工自带，绳索、筛子、篮筐、辘轳等在当地集市购买，至于钩、三角铲、鹤嘴锄、卷尺、指南针、测量仪等专用物品则事先已在北平购妥。由于发掘地点属当地农田，且有的地方已经播种了冬小麦，所以考古组又与当地官员、相关农户商量核定了具体的赔偿租用办法，后分发给各村张贴示众，全文如下：

一、本会发掘地点如有田苗，每官亩给予租价国币三十元。

二、发掘地点如无田苗，每官亩给予租价国币十元。

三、发掘所占地亩俟工作完毕时由本会召集村长、地主，面同丈量，清算计价。

四、本会发掘之坑，于结束时，仍由本会派工填平之。

11月7日上午8时，李济先生便带领众人来到了城子崖。晨光熹微中的城子崖，除了突兀的身姿显得有些卓尔不群外，那平缓的地带与一般的庄稼地并无不同。素来冷清的城子崖突然热闹起来，农闲时前来看热闹的村民将发掘工地围得水泄不通。

今天是开工第一天，主要任务是测量、绘图、定坑位。招募来的18名民工主要负责清理地表耕土层。18人分为3组，每组6人，皆编号定员，每人胸前都佩戴徽章，便于区别与指挥。经详细测量，遗址暴露部分大致为长方形，东西宽约390米，南北长约450米，面积约175 500平方米。遗址高出平地面约3—5米，东北部为一斜坡，西部边缘齐整，远望宛如城垣。测量后，开始选定坑位，另记各坑之坐标点，以资对照：以城子崖之西南隅为坐标原点，以各坑之西南隅为坐标支点。测绘工作持续了整整3天，于11月9日落日前圆满完工。

11月10日开始正式发掘，18人依旧分6组，依次分列在事先划分好的坑位前，像往常干农活一样开始劳动。挖掘伊始仅18名民工，3日后为加快进度，另招募民工18人，共计36人。36人分作6组，从遗址南边中心点向北开始，由纵1坑到纵6坑，6个探坑同时开工。李济、董作宾、郭宝钧、吴金鼎、李光

城子崖第一次发掘全体人员合影

宇、王湘6人则分别担任各小组的观察人，随时观察出土物情况，并将每日开
坑、停坑、挖掘深度、地层诸项逐日登记造册。凡出土物每层捡取一次，附上
标签，用麻纸包扎后置于筐中，便于搬运；若遇特殊之物，更需详细量度，并
在图纸上标出出土位置，拍照后才能捡取。

　　出土物运回工作站后，接下来还有洗刷、编号、登记、统计、装箱5道程
序。大体上是当天发掘的出土物，第二天洗刷完毕，第三天完成编号、登记、
统计，第四天再整理装箱，至此所有的工序才算完成。由此可见，尽管城子崖
的发掘尚属中国考古学的草创期，但从一开始考古组就达成了严谨、务实的共
识，并将其传给一代代的考古人。

　　发掘进展至第六天时，同时开挖的6个探坑已掘进至1米多深。像往常一
样，李济先生正全神贯注地观察着自己的坑位，并适时地提醒民工动作要轻、
慢。在纵5坑临时帮忙的董作宾突然听见整理出土物的吴金鼎一声惊呼，其他
几位观察人立刻被吸引过来。只见吴金鼎手中拿着一块泛黄的牛胛骨，钻灼痕
迹清晰可见。令人欣喜的是，在第一片卜骨出土后不久，又接连掘获了4片卜
骨。众人看见卜骨后欣喜若狂，数日来的疲惫也一扫而尽。

　　使用动物的甲骨进行占卜，不仅见于殷商文化，而且东至日本、北至通古斯及西伯利亚之滨海民族也屡有发现。历史上的鞑靼民族也浸染了这个习俗，以后西播至爱尔兰、摩洛哥一带。甲骨占卜是殷人的习俗，被视作殷商文化的代表。以往仅在安阳殷墟发现过，在此次城子崖发现的卜骨是史语所第一次在河南安阳以外的范围发现。尽管囿于当时的条件并不清楚城子崖与殷墟的早晚关系，但二者之间一脉相传的关系却是无须赘言的。很长的一段时间里，学界对甲骨占卜习俗的由来及其传播途径仁智互见。在殷墟发掘之前，学界讨论这个问题大都止于三代的龟卜习俗。1928年的殷墟发掘已证实中国古代的龟卜习俗是从骨卜习俗演化而来的，殷墟出土的卜骨远比龟甲要多。就殷墟占卜的技术而言，已达到极成熟的地步，故殷商时代骨卜的习俗必然已历经长期的历史发展过程。但是，这一过程的背景在中国北部分布极广的石器时代仰韶文化遗址中却无迹可寻。因此，此次在城子崖遗址发现的卜骨意义重大，为我们追寻殷商文化的源头提供了借鉴。

此后数日里出人意料的出土物接踵而至，令人应接不暇，惊喜不断，其中最具特色的是黑陶。此类前所未见的陶器仅见于下文化层，当时人对它的价值和性质还不清楚，直至第二年在安阳殷墟后冈发现与城子崖几乎相同的文化堆积层时，这一问题才得到解决。发掘者当时认为黑陶显然是一个文化系之代表，故将下文化层直接命名为"黑陶期文化"；又据一地层中大量石器的发现，推定其为石器时代的文化遗存。

城子崖发现的陶器，多色黑像漆，与此前在中国西部、北部大量发现的彩陶文化迥然不同；而且器形多样，与商周时期盛行的青铜器多有相似之处，很显然二者之间应有传承关系。其中最精致的当属蛋壳黑陶杯，不但造型小巧，而且陶胎最薄处仅有0.2毫米。柄部和底座因要承托上部重量，陶胎略有增厚，但一般也是1—2毫米。器身高度不超过25厘米，重量多数为50—70克。有"薄如纸，硬如瓷，明如镜，黑如漆"之美誉，其精湛的工艺令人叹为观止。这种一触即倒、易于破碎的珍贵器物绝非一般生活用具，可以断言"蛋壳陶"应该是专为礼仪用的器皿。

最初的发现者曾对这种黑陶做出如下描述：

蛋壳黑陶杯（现藏于潍坊市博物馆）

城子崖陶器十四种颜色中，最能动人之注意及艳美者，为黑亮色。此色之陶质亮而薄，且极坚固，表面显漆黑色之光泽，故亦可称之为漆黑色。又以其轮廓之秀雅，制作之精妙，故自初掘以至今日，来参观目睹此类陶器者，莫不赞叹不置。

此外，此次首掘还发现城子崖内有一坍塌的城墙。此前在殷墟已有类似的发现，董作宾先生曾解释为洪水沉积层。城墙的大致范围经测量呈长方形，南北长约450米，东西长约390米，基沟宽约13.8米，墙根厚10.6米，残存高度约3米，墙基下有黑陶遗存，墙内偶尔也有黑陶期遗物。城子崖的文化层堆积很厚，一般都在2—3米，最厚处可达5—6米。按文化层的层位，可分上下两层。上文化层堆积厚达1米左右，出土陶器以灰陶为主，所以发掘者将上文化层又称为"灰陶期文化"；又因为上文化层已见少量铜器，故发掘者判断上文化层已进入铜器时代。发掘者推测：先是下文化层即黑陶文化期居民在此居住；夏末人们因某种不明原因离开了这里，随后这里"似乎有一个人烟稀少或绝无人烟的时代"；商时又迁来一批新居民，并在此修建了灰陶文化期的城，即上文化层的城。

此次发掘始于11月7日，因天寒地冻于12月7日停工，前后历时整整1个月。共挖掘44个坑，占地面积440平方米，挖坑深度最浅1.35米，最深6.2米，移动土方1 502立方米。出土文物23 878件，其中陶器与陶片20 918件，骨角器1 864件，蚌器847件，石器及其他249件，还有不少人兽骨骼。这些出土物共装了100余箱，由火车经由龙山站运抵济南山东大学工学院院内山东古迹研究会的办公地点，交由吴金鼎保管整理。

全体工作人员随即返回北平，着手撰写发掘报告。次年8月，发掘报告已全部撰写完毕，这速度即便放在当下也属罕见。事已至此，似乎已大功告成，孰料不久后在安阳的一次意料之外的崭新发现，又将城子崖发掘提上了新的议程。

第三章

城子崖遗址的第二次发掘

历史是什么？我相信不同的人会有不同的答案。英国人卡尔说："历史是今天与昨天之间从不间断的答问，是历史学家与历史事实之间永无止境的对话。"对城子崖而言，历史既是考古学家持续不断的发掘，又是历史学家孜孜不倦的考证。一代又一代的人在这里生活过，死去了；一座又一座的城在这里兴起了，毁灭了。剑和火在这里抖过威风，一代又一代的文化在这里历经沧桑……

一、城子崖的前世

古谭国，早期文献记载很少，其最翔实的记载见于《春秋·庄公十一年》，但有点可悲的是，正是这段史书记载了古谭国的灭亡。公元前684年，著名的春秋五霸之首齐桓公，以谭国人违背礼节对他不恭为由，出兵灭掉了谭国，谭国国君谭子出逃到莒国。至此，在城子崖立国长达500多年的谭国消亡了。据明代苏平仲的《谭氏家谱》言，谭是一个始建于殷商时代的诸侯小国，传为少昊氏后裔，谭国人的祖先姓子，和历史上商朝的建立者商汤同姓。进入周代以后，它又接受了周王的分封，继续存在了300多年。

另有史载以平陵为"殷帝乙之都"，殷时犹无平陵，此处平陵即城子崖。反驳者"谓武乙、帝乙，皆居朝歌，迨纣之亡，岂在此地"，然古时"都"不止有都城之意，还有短暂的驻地之意。若谭国果为子姓，商王巡游至此曾短暂停留亦属可能，由此可见殷商时谭国与商王关系密切，这一点也得到了出土材料的证实。目前所见，涉及谭国的卜辞多达35条，相关铜器有亚覃尊（2件）、亚覃父乙卣、覃父己爵、亚覃父乙爵、亚共覃父乙簋、覃父丁觚、覃祖辛鬲等，这些铜器多出土于安阳殷墟西区孝民屯商墓。由于铭文简短，且多为祭器，难以勾取更多信息，但器类完备，纹饰精美，制作精良，亦可见古谭国殷商时的辉煌。

济南自古盛产诗人，李清照、辛弃疾可以说是妇孺皆知，张养浩、边贡、李攀龙等也是青史留名。可要说起济南最早的诗人和他的作品，恐怕就鲜为人

亚覃尊

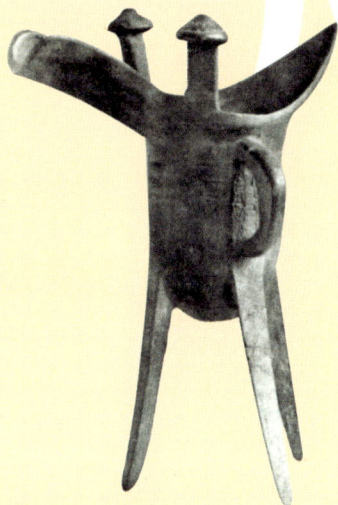

覃父乙爵

覃祖辛鬲

覃父丁甗

知了。正是对这个问题的追踪，让我们再一次与古谭国不期而遇。当代文史学者徐北文先生曾说过："济南最早的诗人是一位已经佚名的谭国大夫，而济南最早的诗歌就是他写下的《诗经·小雅》里的《大东》。"

殷商鼎革后，周武王一统天下的局面初步形成。孰料不久后，三监又联合东夷诸国起兵叛周，武王之弟周公亲率大军历时3年才相继平息。东征胜利后，周公为加强对东方的控制，一方面决定在瀍水东岸营建洛邑，迁殷商"顽民"于此严加看守；另一方面又在瀍水西岸修建王城，作为四方朝会的中心。在西周王都的规划上，实行"双城计"。以洛邑为中心，以西之渭河平原是周人龙兴之地，称为"宗周"；以东之河洛地区是拱卫宗周和镇抚东方的重镇，号称"成周"。

此外，在周公的辅佐之下，武王之子成王还大量分封诸侯"以藩屏周"，在今山东地域内，主要分封了齐、鲁两国。成王封师尚父于泰山和渤海之间的薄姑氏故地营丘，建立齐，统治范围"东至海，西至河，南至穆陵，北至无棣"；封周公于"太昊之墟"，是为鲁，疆域北及泰山，东过龟蒙，南沿泗水包有凫、峄诸山。于是，齐、鲁两国成为周王室镇抚东方的主要屏障，在两国之间还有许多小国星罗棋布，如方圆仅数十里的弹丸小国"谭"。

前文已提及谭国与商王关系密切，周初又参加了东夷叛乱，然而由于国土狭小、实力微弱，加之周王朝为争取殷商旧部的支持，故而得以在朝代更迭后残存。彼时，周公为了政令畅通及各地贡赋的输入，同时保证战车与后勤辎重的畅行，以洛邑为中心修建了一条条直通诸国的"周道"或"周行"，即《逸周书》提及的："辟开修道，五里有郊，十里有井，二十里有舍。"

谭国因地处东方，远离周王朝的统治中心，而被称为"大东"，其意有点类似于今天西方人眼中的中东、远东。久经战乱的谭国，战后又面临着繁重的劳役，这一条条笔直的"周道"或"周行"对于劳苦大众来说，如同一条条吸血管。西周统治者通过这条条"周道"给被征服的东方人民带来压榨、劳役和困苦，自然引起了当地人民的反抗与愤懑。西周中晚期谭国一位不知名的大夫，面对王朝日益加重的盘剥，奋笔疾书写成一首50余行的长诗。从严格意义上讲，他是写了一首慷慨激昂的民歌在谭国大地上广为传唱。此歌现存为《诗经·小雅·大东》，全文如下：

有饛簋飧，有捄棘匕。周道如砥，其直如矢。君子所履，小人所视。眷言顾之，潸焉出涕。

小东大东，杼柚其空。纠纠葛屦，可以履霜。佻佻公子，行彼周行。既往既来，使我心疚。

有冽氿泉，无浸获薪。契契寤叹，哀我惮人。薪是获薪，尚可载也。哀我惮人，亦可息也。

东人之子，职劳不来。西人之子，粲粲衣服。舟人之子，熊罴是裘。私人之子，百僚是试。

或以其酒，不以其浆。鞙鞙佩璲，不以其长。维天有汉，监亦有光。跂彼织女，终日七襄。

虽则七襄，不成报章。睆彼牵牛，不以服箱。东有启明，西有长庚。有捄天毕，载施之行。

维南有箕，不可以簸扬。维北有斗，不可以挹酒浆。维南有箕，载翕其舌。维北有斗，西柄之揭。

白话译文：

农家圆簋里虽然盛满熟食，上面却插着棘枝做的弯匙。通京大道如磨刀石般平坦，又好像射出的箭一样笔直。王公贵族们可以漫步其上，草民百姓只能两眼空注视。我满怀悲愤回顾起这些事，情不自禁潸然泪下衣衫湿。

远离京都的东方大国小邦，织机上的梭子已经空荡荡。小民穿葛鞋用粗麻线捆绑，无奈只好赤脚踩踏寒霜。相反那些轻佻的公子哥们，大摇大摆走在宽阔大路上。他们大喇喇地来来又往往，那无耻模样让我痛心断肠。

山泉侧出且又是寒冷彻骨，千万不要浸湿刚砍的柴薪。我夜梦忧心醒来轻轻叹息，暗自哀怜我本多病劳苦人。伐下这些长长短短的柴薪，还可以装上车往家里搬运。暗自哀怜我本多病劳苦人，也该得片刻休养以安我身。

东方大国小邦的臣民啊，一味受累没有人前来慰抚。西部诸侯国的王公贵族啊，个个穿着鲜艳华贵的衣服。就是那些摆渡为生的舟子，人五人六地披着熊黑裘服。还有那些家臣属隶的子弟，随便什么官位都可以补录。

东方国民也许以为是美酒，西部贵族并不以为是甜浆。送给东方国民是玲珑玉佩，西部贵族并不以为是珍藏。仰望那高天上灿烂的银河，如同明镜似的熠熠闪光。只见那三足鼎立的织女星，整日整夜七次移位运转忙。

虽然整月整夜七次移位运转忙，终归不能织成美丽的文章。再看那颗明亮亮的牵牛星，也不能像人间真牛拉车厢。无论是东部天空的启明星和西部天空的长庚星闪闪亮，还是如筚的天毕星弯又长，歪歪斜斜地乔列在银河旁。

南部天空虽然箕星在发光，并不能用来簸扬糠秕。北部天空虽然斗星闪闪亮，并不能像斗子用来装酒浆。南部天空虽然箕星在发光，也只是吞吐着长舌长又长。北部天空虽然斗星闪闪亮，宛如自西高举长柄舀东方。

《毛诗序》曰："《大东》，刺乱也。东国困于役而伤于财，谭大夫作是诗以告病。"这位天才般的谭国诗人，用天上群星作比，展开了丰富的想象。他用盛满熟食的篚比喻东方的财富，用长长弯弯的汤匙比喻周道，暗讽周王室正是通过四通八达的周道来吮吸各地的财富。这首民歌也因其梦幻的想象和尖锐的批评入选我国最早的诗歌总集《诗经》，这位英勇无惧的谭国大夫也因此青史流芳。

李济先生及其同仁或许就是吟唱着这首《大东》走向这片土地，随后的发掘也证实城子崖确为谭国故墟。证据有三：其一，记载之证，史书记载古谭国位于古平陵县城的西南数里之内，而城子崖遗址恰好位于平陵古城的东北约4里处；其二，河流之证，北魏郦道元所著《水经注》记载古谭国位于武原河的南岸，武原河只有十几公里长，在它的南岸这不大的范围之内，只有城子崖一座古城；其三，遗物之证，古谭国立于殷，亡于春秋战国之际，与城子崖遗址上层文化之时代（起于殷讫于周末）相符，这也为我们的推断提供了实物依据。

二、发现后冈三叠层

1931年春，时任中研院院长的蔡元培在北平视察了史语所，对史语所前期的工作给予了肯定，特别对考古组在安阳殷墟的发掘给予了赞赏，并希望考古组可以再创辉煌。此时，中原大战已经结束，蒋介石也以武力暂时统一了国民党内部的各派军事力量，蒋的心腹刘峙（1892—1971，江西吉安人）升任河南省政府主席，全国的局势也日趋平稳，从而为殷墟的再发掘提供了可能。

史语所这次借鉴了城子崖与地方政府合作的成功经验，傅斯年、李济与河南省教育厅多次磋商，拟定了如下合作办法：

一、为谋中央学术机关与地方政府之合作起见，河南省政府教育厅遴选一至二人参加国立中央研究院安阳殷墟发掘团。

二、发掘工作暨所获古物均由安阳殷墟发掘团缮具清册，每月函送河南教育厅存查。

三、安阳殷墟发掘团为研究便利起见，可将所掘古物移送适当地点，但须函知河南教育厅备查。

四、殷墟古物除重复外均于每批研究完结后暂存开封陈列，以便地方人士参观。

五、全部发掘完竣，研究结束后，再由中央研究院与河南省政府会商分配陈列方法。

与此同时，河南省政府也一改过去模棱两可的态度，开始全力配合考古组在殷墟的发掘，至此搁置1年的殷墟发掘再度重启。

1931年3月21日，在万众瞩目下殷墟第四次发掘正式开启。此次发掘人员除了前三次的老队员李济、董作宾、郭宝钧、王湘外，还加入了新成员——梁思永、李光宇、吴金鼎和刘屿霞，河南方面派关白益、许敬参等参加发掘，河

梁思永（1904—1954）

南大学石璋如和刘燿（后化名尹达）作为学员也参加了此次发掘，特别是梁思永先生的加入对我国的田野考古事业迅速走向科学发展轨道起到了积极的巨大的推动作用。

梁思永先生是著名国学大师梁启超先生的次子，生于清光绪三十年（1904），不满周岁就随双亲流亡日本，1923年赴美国哈佛大学攻读考古学和人类学学位，是我国第一位在西方受过正规田野考古训练的学者。他在哈佛大学求学期间就参加了印第安古遗址的发掘，并对东亚考古情有独钟。1927年，他回国休假期间担任了清华国学院的助教，协助李济先生整理山西夏县西阴村遗址出土的部分陶片，并以英文撰写专刊，将这一成果介绍至海外。1930年学成归国后，他曾在黑龙江昂昂溪调查并主持发掘了一处史前文化遗址，在返京途中又对沿途的辽西、内蒙古、河北等地的新石器遗址进行了调查。1931年，新婚不久的梁思永热情满满地加入了第四次殷墟发掘。

殷墟此次发掘借鉴了以往的经验和教训，考古组采取了更为科学的发掘方法，将小屯村北分为A、B、C、D、E五区，探方边长为10米，采用"卷地毯"式的方法全面发掘了小屯遗址。同时，李济先生还扩大了发掘的范围，采用由外而内的方法，先发掘四境，然后解决小屯。至此，殷墟的发掘由寻找遗物转向发现遗迹，发掘的范围也由小屯向其四周的后冈、四磨盘等处转移。

后冈位于小屯村东南1.5公里处，早在1929年殷墟刚开始发掘时，李济先生每次路过后冈，看见陡然高出四周的地势及遍布绳纹陶片的山丘，就断定此处必有古遗迹。此次重启殷墟发掘后不久，李济先生便安排梁思永先生主持后冈发掘。在梁思永先生的主持下，考古组对后冈遗址进行了持续的深入的发掘，并取得了前所未有的重大发现。后冈遗址的发掘除了发现商代的墓葬外，对后世影响最为重要的就是提出了著名的"后冈三叠层"说。

后冈三叠层包含物的情形如下：

上文化层　浅灰土，出土器物颜色以灰黑色为主，有少量的白陶和釉片，器型以鬲为主，并出现了形如古代武士头盔的冶铜坩埚，习称"将军盔"。

中文化层　浅绿土，出土了大量与城子崖遗址出土陶器纹饰、器型完全相同的磨光黑陶，明显属于龙山文化层。

下文化层　灰褐土，发现遗迹有房址、灰坑，遗物有陶器、骨器、玉石器，陶器主要为细泥红陶及夹砂红陶，仰韶文化层。

面对这一奇特的现象，梁思永先生凭借科学的思维方式和独特的学术眼光意识到：既然彩陶文化代表着安特生所发现的仰韶文化，那么黑陶文化是否代表着城子崖的龙山文化？如果假设成立，则意味着龙山文化不仅局限于城子崖一地，所涉及范围应更为广阔，并代表着一种普遍的史前文化。这一极富科学眼光的洞见，无疑找到了解开中国史前文化之谜的钥匙。

此外，受过现代考古学训练的梁思永先生还敏锐地观察到遗址分布中心每次都略往东北方向移动的这一现象，推测这大概与洹水的活动相关。后冈北临洹河，位于一处小河湾南岸的台地之上，西北面是靠河而立的十几米高的黄土壁，东北是一片河水沉积的沙滩，东、南两面地势平坦。这种独特的地势造成洹水所冲积形成的三角沙洲是向东北推进的，古人就是利用洹水向后冈退计的优势，完成了三种文化间的依次演进。梁思永先生推测：最下面的彩陶文化层的人们在西南角留下一个小土堆；中层黑陶文化层的人们在小土堆的东北方向又建成一个较大的村庄，这个村庄废弃之后，后冈大致形成；最上层白陶文化层的人们在黑陶的废墟上继续堆积，最后形成了现在的后冈。

在日后的发掘中，梁思永进一步验证了后冈三个文化层的关系，确定了仰韶和龙山两种新石器文化的先后关系以及两者与小屯殷墟文化的关系。他预言殷墟文化与龙山文化之间尽管存在缺环，但两者应是继承关系，殷墟文化可能来源于晚于龙山文化的另一种文化。这一推断，也被后来相继发现的郑州二里冈遗址、偃师二里头遗址等夏商文化遗迹所弥合。后冈三叠层的发现，是中国考古地层学成熟的标志，在中国考古学发展史上具有重要的里程碑意义。对梁思永先生对近代考古学的贡献，刘耀曾评价道：

在河南北部这三种文化的时代序列是基本上肯定了，这好像是一把钥匙，有了它，才能打开中国考古学中这样的关键问题。这是中国新石器时代考古发掘中一个极重要的转折点，这功绩应当归功于思永先生。

夏鼐先生在《梁思永先生传略》中提及：

梁思永自加入殷墟发掘后，对于组织上和方法上都有重要的改进，提高了我国田野考古的科学水平。在野外工作中，能注意新现象，发现新问题。主持大规模发掘时，能照顾到全局，同时又不漏细节。

与此同时，在后冈遗址的龙山文化层还发现了房屋建筑的遗迹——"大量的白灰层"，这也是中国考古史上首次发现龙山时代的宫室建筑。后冈三叠层的发现也证实了以黑陶为特征的龙山文化并不局限于城子崖遗迹，而是代表一种普遍的史前文化。面对史语所同仁"天天梦想而实在意想不到的发现"，李济等考古所同仁决定暂缓编印已完稿的城子崖发掘报告，实有再度发掘以详察内容及充实材料之必要。于是，史语所人员决定兵分两路，一路由李济先生带领，继续坚守殷墟发掘；一路由梁思永先生带队，重返城子崖。

三、重返城子崖

当秋日的阳光倾洒大地，年仅27岁的梁思永带领众人重返城子崖，这是他第一次站立在这个黄河之滨土冈上。同行者还有5位同他一样心怀梦想的年轻人，他们分别是：国立中央研究院历史语言研究所助理员暨城子崖遗址发现者吴金鼎先生、著名的殷墟"YH127"灰坑的主要发掘者王湘先生、国立中央研究院历史语言所助理员刘屿霞先生、清华大学毕业生张善先生、时任山东省立图书馆助理馆员刘锡增先生。6人中，除吴金鼎、王湘为上次参与城子崖首掘的老队员外，其余4人均为新成员。6人当中，以时年30岁的吴金鼎年龄最长，其余5人都是20多岁的小伙子，王湘和张善当时尚未结婚。时光荏苒，城子崖遗址的发现已过去90余年，遗址面貌也留下了岁月的痕迹，这些曾经孜孜以求的先行者已湮灭于岁月中，但对这些曾经的探索者，历史不会忘记，大地也不会忘记。

1931年10月9日，由梁思永先生领队的城子崖二次发掘正式开工。与第一次发掘城子崖的原因不同，城子崖遗址第二次发掘的原因在于1931年春史语所在安阳高楼庄后冈遗址发现与城子崖"大致相同之遗物，证明城子崖文化所及之范围甚广。……因此顿觉城子崖遗址，实有再度发掘，以详察内容及充实材料之必要"。简单地说，第二次发掘城子崖遗址的唯一原因是为了加深对城子崖文化（按：指黑陶遗存）的了解。此次发掘，大部分与前次无别，唯三个方面有所改进，特述如下：

（一）设法增进工作效率。开工之初，梁思永先生首次倡议，每坑所需工人应减至最低限度。改变上次发掘中6名民工同开一坑的做法，改为2人同挖一坑，即一锹一镢合作；掘至2米深的时候，因坑旁积土增多，翻运困难，乃再增1人；至3米深后，每坑增至4人；再深之后，则每坑增至5人，并改用辘轳往外

参与发掘的先生们（左起董作宾、李济、傅斯年、梁思永）

提土。采用这个办法之后，各坑人数虽不固定，但每人都有固定分工，干活快慢极易比较；且坑内由于人员减少每人空间变大，所以工作效率比上次大为提高。

（二）利用布袋。出土文物前次是以麻纸包之，出土物的坑位也写在包裹文物的麻纸上。麻纸1角钱能买10张，且因麻纸极易破损，用过一次后就无法再使用。这次发掘，为节省费用改用面粉口袋代替麻纸盛装出土文物；只有那些小物件及特殊物件，仍然用麻纸和封筒包装，并做特别标记，然后再装入面袋。面袋虽1角钱1个，但每个可用数十次不坏，并且文物装袋之后不易混乱和碰撞，尤其便于运输。每个坑的出土文物分别装入同一袋中，另写一张小纸条放入袋里，标明出土坑位、地层等信息。

（三）改换记载方式。工作人员在整理第一次出土物时，深感凡出土物无论拣取与舍去者，都应全量记载之，所以此次之记载，特意增添了数量一项，并分为出土总量与拣取数量，顺次记之，如：出陶50件，拣30件；骨20件，拣10件等。如此一来，拣取数量与出土总量一清二楚，编号及数量统计皆变为至简且易。

第一次发掘品只写总号，未标出出土地点，以至后期整理时颇感困难。不得已乃重将全批材料，每块查出其出土地位而标于本物上，标完之后，再做整理，无端增加了繁重的工作量。所以此次发掘时，每层所出各物，标以出土地点概不编号。除非遇到特殊物件，除出土地点之外，尚附有他种记载者，则予以编号，如"125（编号），A25：15（出土地位），其附近有红烧土及木炭，炭中夹杂烧焦之兽骨……（记载）"。出土之物，洗去其土，即照袋内纸条上所载出土地点标于每件实物之上，再取登记簿连同通常物及特殊物均登记之。通常物之登记，不过从田野记载表之取舍栏内照抄。特殊物除照抄之外，犹需加上编号及附带记载。此种登记簿为活页式，且各坑单作，所以每坑深浅各层之异点，可一目了然。若想要比较各坑出土物及土质之不同，信手翻阅亦见大概。

此次发掘更加重视利用考古地层学原理指导发掘，按土质土色清理和划分地层，并测绘探坑剖面图，这在中国史学界完全是崭新的方法。考古层位学脱胎于地质学中的地层学，是经由考古地层学发展而来的考古学研究的理论与方法。层位关系是考古层位学中非常重要的基础概念，主要是指出土物在堆积先后次序中所处的特定位置。只有正确理解层位关系的含义和内涵，才能准确地划分遗址的层位，从而明晰各出土物之间的先后顺序，以期为考古学研究提供可靠、确凿的研究资料。

严格意义上讲，这种地层学原理于19世纪中期才被运用于考古学中，形成了考古层位学。同一遗物内不同遗迹单位之间及同一遗迹单位内不同堆积单位之间的层位关系，又可以总结和概括为叠压、打破、平列、依附、重合等。1819年，丹麦皇家博物馆首席馆长汤姆森（Christian Jurgensen Thomsen，1788—1865）根据馆藏史前遗物，提出了著名的"三期说"，即将丹麦的史前时代划分为石器时代、铜器时代和铁器时代，并按此标准将馆藏古物分为3组进行陈列。这一学说后在他的学生们那里得到进一步发展，其中沃尔索功不可没。沃尔索十分重视发掘工作，他主张发掘"应仔细地进行，并且由内行人负责"；发掘的说明必须完整；出土的"古玩"都应保存好，甚至那些微不足道的东西也都值得保存，和死者埋在一起的兽骨也可能有科学价值。他亲自在丹麦沼泽地区进行发掘工作，由此，从考古地层证明了"三期说"的正确性。1843年，沃尔索发表了《丹麦原始时代古物》一书，使"三期说"成为史前考古学的研究基础。19世纪70年代，德国地质学家施里曼在小亚细亚特洛伊古城的发掘中首次运用层位法，近代科学范畴内的考古学由此而诞生。

学术史的追述文字或许略显艰涩，简言之考古层位学即不同时期的古人居住留下的痕迹。远古时期，先民年深日久的生活于某地必然会在原来的生土层上留下痕迹形成熟土层，熟土层多呈灰地，习称"灰土层"。在灰土层中，不可避免地夹杂着古人活动的遗物，考古学上称之为"文化层"。不同时代的人们在同一地区生活，会形成不同的"文化层"。如果某一时期这里没有人类生存，在这段荒芜期内就会堆积一层天然堆积物，诸如水流冲积形成的淤土、风吹形成的沙尘以及草木朽烂的腐殖土等。这种自然形成的堆积层，即"间歇层"。若没有发生扰乱，上层的年代必然晚于下层的年代。如此一来，文化层的堆积就构成了一部人类生活的简史。

就城子崖遗址而言，文化层堆积很厚，一般都在2—3米，最厚可达5—6米。按文化层的层位，可分为上下两层（后期有调整）。上文化层堆积厚达1米左右，出土陶器以灰陶为主且有少量铜器的发现，所以发掘者将上文化层称为"灰陶期文化"，推断上文化层已进入铜器时代。下文化层则厚达3米左右，文化内涵丰富，出土陶器以黑陶为主，其次为灰陶、红陶、白陶诸色，其中油黑发亮的磨光黑陶仅见于下文化层，故称下文化层称为"黑陶期文化"。

四、无言的诉说

1931年9月18日爆发了震惊中外的"九一八事变"，数日内，辽宁沦陷，吉林沦陷，东三省全境沦陷。随着日本法西斯铁蹄的步步紧逼，傅斯年所长要求史语所同仁加紧各地的考古发掘，尽全力阻止贪婪的侵略者对我中华文物之觊觎。在如此严峻的形势之下，在城子崖紧张发掘的梁思永先生及其同仁焦心如焚，殷墟的发掘尚在进行，有限的经费也不允许在此多加耽搁，必须加快进程。此次发掘，从1931年10月9日始至31日结束，除去星期日休息，实际工作仅20日。最高用工额48名，共开挖探坑45个，总面积约1 520.8平方米。

此次发掘对城垣做了重点工作，这座城垣在遗址的西部，因长期被武源河水冲刷而形成了三层台阶式的断崖。残存的城墙南北长约450米，东西长约390米，第一次发掘判定城墙形制是一个长方形，此次发掘乃探明其城墙随城内居民住址的形势而弯曲，除北部城墙毁坏严重，东、南、西三面的城墙还高出地面，以至有多处不规则，原来的形制已无从探知。至于城墙的建筑时代，上次认为在灰陶文化期，此次发掘更倾向于黑陶文化期的产物。城垣虽已历经4 000多年风雨剥蚀，而城墙仍有不少保存，特别是有些城墙还在地面上保存有一定的高度，确属罕见，这应是我国目前已发现的龙山文化城址中保存较好的一座。正如《登封王城岗遗址的发掘》所说："两座城堡（登封王城岗和城子崖）筑法相同，都是在建筑城墙之前，先按城墙走向挖出一条基础槽……在槽内填土，逐层夯筑。"随着龙山文化城垣的不断发现，研究者对这种古城建筑有了新的认识，城子崖遗址的首发之功为了解龙山文化的聚落形态打开了一扇窗户。

　　为了解城墙的形制、结构、高度、厚度以及与遗址底层的关系，在两次发掘中，考古人专为解剖城墙开了6组17个探坑：第一组在北墙中部开坑，目的是将残墙完全打穿以了解墙基的结构；第二、三组近西北角、西南角开坑以了解遗留堆积与城墙的关系，以及西墙靠里的位置；第四、六组在南墙中部和东墙中部开坑，找到了东墙里面的位置；第五组近东南角，清理了一段靠墙内外两面的堆积，并发掘到墙根以下，以测量墙的厚度和现存高度，并观察夯土的结构。这次工作的重大收获是弄清楚了城墙建筑的程序：先在地面挖成一道宽约13.8米、深约1.5米的圆底基槽，然后用生黄土将此基槽层层填满、夯实，筑成坚固的墙基。墙体就筑在这墙基之上，每层用厚约12—14厘米的土层夯实垒

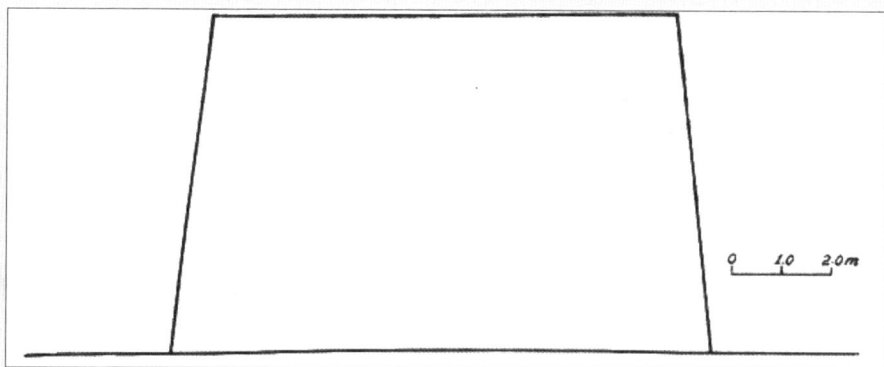

0　　1.0　　2.0 m

城墙厚度、高度复原图

成，每上升一层由墙面向内缩3厘米左右，形成墙面之倾斜。墙的原本高度已不能确知，据测算或在6米左右。至于厚度，墙根处为10.6米，3米高处约9.91米，6.6米高处约9.11米。

城墙的主要功能是防御，在低洼易涝地带还有防洪功能。就防洪功能而言，既有夯土板筑的土城、石块叠砌的石城以及时代晚近的砖城，还有以往关注较少的木城。《说文》中有"栅，编坚木者也"，《通俗文》中有"木垣曰栅"，位于马来半岛的单马令国"以木作栅为城"，加里曼丹北部文莱一带的渤泥国"以板为城，城中居民万余人"，因此我国古代也有可能使用过木城，只是目前考古工作没有发现罢了。其根本原因或为木质易朽，而目前主要靠铲探的方法来寻找掩埋在地下的城址，这对土、石、砖来说是有效的手段，用来探查木城则是困难的。我们或可推测，黑陶文化期的居民曾在此地筑木城，居住了相当长的时期后才开始夯土筑墙，随后放弃。灰陶文化期的居民后又迁来此地，原先的城墙虽已部分坍塌，但却仍有2—3米的高度，因此只做了小的修补了事。到了灰陶文化晚期，居民渐渐减少，城子崖成了一个烧制陶器的处所，城墙的另一侧还被当成临时埋葬死者之处。

吴金鼎先生初到城子崖时，就注意到此地有多处红土堆积。1930年城子崖首掘时在纵中36坑也曾发现大规模红烧土。经观察，发现土块中含有类似麦秸灰之类的灰烬遗痕，当时李济先生等人就曾怀疑这是一处"窑址"，但因当时发掘范围有限未敢贸然做出结论。第二次发掘时，在城子崖遗址西北角与东南角两处地方，共发现红烧土层明显、外形轮廓清晰的筑造物3座。梁思永先生等人一致断定其为窑，或为烧制陶器之炉灶。

如此大规模的窑址，前后两次发掘中共发现6处，其中形制保存较完整的窑共有3座，均为第二次发掘中发现的。就此6处窑址在全遗址上分布之情形，有一个现象需要引起注意，即6处窑址中有5处出现在遗址边界之城墙附近，3个正在城墙之上，2个距城墙甚近，仅第一次发掘的36坑距城墙稍远。靠城墙烧窑这一现象亦见于临淄齐故城，或与乡人喜欢就近利用城墙之土作坯以烧砖瓦有关。

这几座窑的形制、规模、大小以及内部包含的遗物基本相同，发掘者一致断定他们都是同一文化期的遗迹。他们上部都有一个放置被烧物的窑腔，一个直径约1.2米的圆底，底上开有4个椭圆形的火口，每个火口有1支火道通入下部总火道，总火道又有1个用于点火和放柴草燃料的大火口，窑腔里无论是支火道还是总火道里均残留第二灰陶系的绳纹陶片。这一文化期，可以毫无疑义的断定为城子崖上层文化期，即灰陶文化期居民所建。

此次发掘还出土石器数百件、卜骨十几件、蚌器18种、铜器数件及大量的陶片、珍贵的陶文等，所有发掘品共装60箱，由龙山运至济南。此次发掘城子崖的最大意义在于为确定"后冈三叠层"的存在提供更充分的证据，这一点也体现在田野发掘方法上的改进。城子崖遗址的第一次发掘是受到殷墟前三次发掘的影响，比如采取横纵方式分布探坑。而城子崖遗址的第二次发掘显然受到了殷墟第四次发掘的影响，比如殷墟第四次发掘采取A、B、C……的分区模式。田野发掘方法或策略的转变直接影响到城子崖遗址发掘的意义。简单说来，第一次发掘城子崖时采用"十字架方式"发掘，其收获显然是遗址地层上的最大认识，发现了上、下文化层。但由于第四次发掘殷墟时，梁思永先生发现了"后冈三叠层"的线索，虽并未实际分辨出"三叠层"，却在城子崖遗址做第二次发掘时有目的地选择了在城址的四面城墙附近布设探坑，从而确认龙山文化的存在。稍后又在城子崖第二次发掘结束10天左右，迅速前往后冈遗址，正式揭露了"三叠层"。由此可见，城子崖第二次发掘的学术动因和意义都为"后冈三叠层"的发现所印证。

JINAN 济南故事

第四章

两次发掘的意义与价值

每当我把一次次的发现放进考古史册去回顾时，常常会不经意间萌生"一眼千年"的沧桑和惶惑。而有一些发现，它们充满神奇，甚至有些梦幻，对整个考古学界产生了巨大的震撼，而它们往往只是时代布景的一帧帧匆匆剪影。城子崖的两次发掘时值兵连祸结之际，尽管当时条件异常艰辛，却创造了中国考古学史的多项第一，为中国考古特别是史前考古的发展铺垫了重要的基石，从而成为中国考古学史和史学史划时代的大事，城子崖遗址也因此获得了"中国考古圣地"之殊荣。

一、首部田野报告

20世纪二三十年代受西方考古学思潮的影响，中国第一代的考古学者也开始致力于探讨中华文明起源的问题。由傅斯年、李济、董作宾、梁思永、吴金鼎等先生参与发掘的城子崖遗址取得了丰硕成果，先后创造了中国考古学史的多项第一。1934年出版的《城子崖》不仅是"中国考古报告集第一种"，而且在中国学术机构独自发现、独立发掘的第一处史前文化遗址的整个发掘过程中采用一套科学的记录方法，第一次以考古地层学原理指导发掘并绘制了详细的考古地层图，且带有明确学术目的地揭示出一个前所未闻的黑陶文化遗存——龙山文化，对认识中国新石器时期的考古学文化面貌有重大推动作用。李济先生曾客观又不乏激情地评价道："由这遗址发掘，我们不但替中国文化原始问题的讨论找了一个新的端绪，田野考古的工作也因此得了一个可循的轨道。与殷墟的成

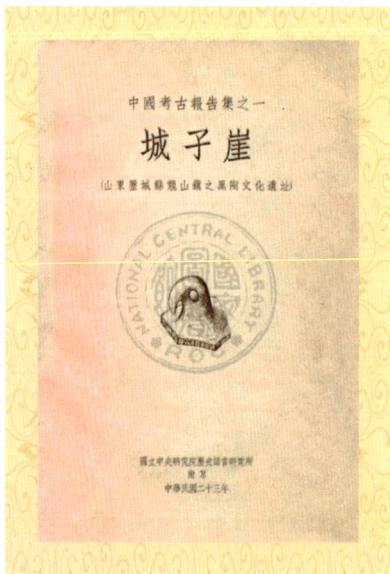

《城子崖》封面

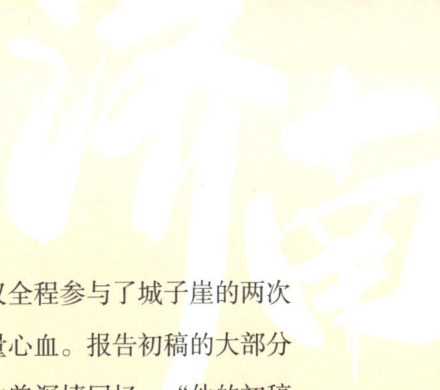

绩相比，城子崖的虽比较简单，却是同等的重要。"

吴金鼎先生作为发现城子崖遗址的第一人，不仅全程参与了城子崖的两次发掘，而且为《城子崖》发掘报告的撰写倾注了大量心血。报告初稿的大部分内容是由吴金鼎先生预备出来的，李济先生在序言中曾深情回忆："他的初稿交到梁思永先生手中的时候，要比现在多一倍以上，可见他用力之勤了。"虽然报告的大部分体例是由梁思永先生创制出来的，但整部报告却是集体智慧的结晶。其中照相、画图、图版的设计、文字的排列及考订由刘屿霞先生负责；董作宾先生作为考古组的史官，他的《城子崖与龙山镇》一章关于历史传说的考订是报告中的点睛之笔。郭宝钧先生的兴趣虽在此后由山东转向河南，但报告中仍有若干章的初稿出自他的手笔。经考古组同仁几年的不懈努力，《城子崖》终于在1934年正式出版。从结束发掘至出版报告，前后仅耗时3年，再联系时下那些挖完以后不报道材料的考古发掘现象，不禁令人唏嘘感慨。

二、云谲波诡的岁月

"考古"一词最早见于北魏郦道元著《水经注·寇水》，此时考古的含义仅仅是考证研究古代事物。至北宋时期，有一位名士叫吕大临（1042—1090），陕西蓝田人，生于官宦世家，他前半生的主要精力放在了关学研究上，到了晚年却撰写了一部不朽之作《考古图》。读者们千万不要误以为此时吕大临已走出书斋，开始拿起手铲从事田野发掘。《考古图》只是辑录了当时官府和民间收藏的211件铜器与13件玉器，并把铜器按时代与器型分类，记录尺寸、重量、出土地点与收藏人等信

吕大临《考古图》

息，并绘制图样、摹写铭文。在他眼中古物非同小可，"非敢以器为玩也，观其器，诵其言，形容仿佛以追三代之遗风，如见其人矣"。可见在北宋士人的观念里，金石中浓缩的是理学家心中最向往的最伟大的圣人时代。这种对铜器和碑刻的研究，是谓"金石之学"。只是和如今的考古学比起来，金石之学少了一大块至关重要的研究方法——田野考古。

早在春秋战国时代，古人对金石就产生了浓厚的兴趣，据《论语》及《荀子》载孔圣人就曾到太庙研究欹器。太史公司马迁为撰《史记》"二十而南游江、淮，上会稽，探禹穴，窥九疑，浮于沅、湘；北涉汶、泗，讲业齐、鲁之都，观孔子之遗风，乡射邹、峄；厄困鄱、薛、彭城，过梁、楚以归"，"南登庐山，观禹疏九江，遂至于会稽太湟，上姑苏，望五湖；东窥洛汭、大邳，迎河，行淮、泗、济、漯洛渠；西瞻蜀之岷山及离碓；北自龙门至于朔方"，为后世的史家及金石学家树立了实地考察的良好榜样，可惜这种优良的传统在漫长的古代社会并没有发扬光大。

鎏金铜欹器（清　现藏于故宫博物馆）

金石学至清代达到了高潮，乾隆时代御纂的《西清古鉴》《宁寿鉴古》《西清续鉴证甲编》《乙编》四书，收录了清宫所获铜器达4 000余件，一大批学者也受到了大儒顾炎武等人以金石考经证史严谨学风的影响，乾嘉学派盛极一时。清末民初之际，甲骨和简牍的发现，不仅扩大了金石学的研究范围，而且也为金石学向考古学的转化起了推动作用，但这一切也只能为金石学画上最后亮丽一笔而无法跨越其本身的藩篱。李济先生曾严肃地指明金石学与考古学的关系正好像"炼丹学之与现代化学；采药学之与现代植物学。炼丹、采药，自有它们在学术史上的价值，然而绝没有人说它们就是化学或植物"。这种看法既承认了金石学与考古学的传承关系，又肯定了它们之间的根本区别，"金石学是考古学不成熟的童年"或已成为学界共识。

金石学与考古学的根本不同之处：一是闭门著书，大多研究传世和采集的金石之器，而很少参与田野调查和发掘；二是偏重于文字著录和研究，对于没有文字的古代遗物不感兴趣；三是与西方近代建立在自然科学基础上的实证方法不同，金石学偏重于孤立地研究某一个问题，以达到证经补史的目的，而对器物本身的形制、花纹等特征的变化、断代，由器物推论古代文化，由款识考证古代史迹等方面则多有忽略，即使分类也由于没有近代科学的归纳法而力有不逮。

西方考古学于19世纪臻于完善且日渐兴盛。受西方近代考古学方法的影响，民国时期一些有远见的金石学家开始走出书斋迈向田野。尽管彼时的调查只是粗浅的，与今日的科学考古不可同日而语，但在整个考古学史上却开时代之先河。1910年，罗振玉命其弟罗振常、妻弟范兆昌前往小屯调查及收购甲骨，二人在安阳住了50余日，其间不仅收集了大量的有字无字甲骨，而且对甲骨的出土地进行了详细的观察与记录。5年后的春天，罗振玉本人也亲自前往安阳对殷墟一带进行实地走访，其考察详情见载其著《五十日梦痕录》。罗氏注意到无字甲骨及殷代遗物，包括石刀、石斧、象牙、骨管、贝、璧、骨镞等，后收录于《殷墟古器物图物》一书。书名一改清人习用的"金石"而用"古器物"，如此一来不仅囊括了整个考察期间的所获之物，而且详细地记录了整个考察过程，在金石学发展史上占有相当重要的地位。

历史进入20世纪二三十年代后，华夏大地军阀混战导致生灵涂炭、民生凋敝，而一些不轨之徒对地下文物的盗掘更是疯狂到了肆无忌惮的境地。1928年7月，蒋、冯、阎"中原大战"战事正酣，刚刚被蒋介石收编为国民革命军第六军团第十二军军长的孙殿英，在"剿匪"途中假借"军事演习"之名，用大炮和炸药将河北遵化清东陵中慈禧和乾隆的两座陵墓炸开，后用极其残暴的方式将墓内金银珠宝洗掠一空。

事发后1个多月《中央日报》才见报道，且报道中故意隐去了部队番号及主谋之名。各社会团体群情激愤，纷纷发表通电要求严惩。末代皇帝溥仪和一批清朝遗老更是如丧考妣、奔走疾呼。蒋介石也曾以国民革命军总司令名义发出训令："通饬所属，一体严密缉拿，务获穷办，毋稍宽纵。"然而孙殿英精于江湖之道并不甘心坐以待毙，他一方面巧舌如簧苦苦求情，另一方面拿盗陵所得财宝向当朝权贵大肆行贿。如此一番"神操作"后，孙殿英非但未受任何处置反而加官晋爵，升为安徽省政府主席，一桩惊天大案就这样不了了之。而陵中无数珍宝经此浩劫，或散失湮没，或流落异乡……

"九一八事变"后，日本文化侵略的铁蹄步步紧逼，不仅派出大批"古物调查团""研究班"及浪人来到中国抢掠文物，而且炮制出"满蒙在历史上非支那领土"的弥天大谎。激愤之下，傅斯年所长亲撰《东北史纲》，其理由正如傅氏所言："中国之有东北问题数十年矣。欧战以前，日俄角逐，而我为鱼肉。……日本人近以'满蒙在历史上非支那领土'一种妄说鼓吹当世。此等'指鹿为马'之言，本不值一辩，然日人竟以此为其向东北侵略之一理由，则亦不得不辩。"傅氏以雄辩的事实力证东北是中国的固有领土，以"国人不尽无耻之人，中国即非必亡之国"痛斥日本侵略者亡我中华之狼子野心。后李济先生将其摘译为英文，送给来华调查的国联调查团参阅。与此同时，傅所长要求史语所同仁加紧在华北的考古发掘工作，尽全力阻止贪婪日本侵略者对我中华文物的觊觎。东北全境的沦陷，也使梁思永在黑龙江、通辽和热河等地的考古工作被迫中断。面对日本侵略者已从东北伸向华北的魔爪，梁思永等考古同仁坚信中国不亡，一次次废寝忘食地投入到考古发掘之中。

与书生报国其情殷殷判若云泥的是国内一些军阀也趁乱大行盗墓之举。东陵大案后才10年，驻防安徽寿县国民革命军司令李品仙又以"军事演习"之名将"辖区"内的一处古墓——著名的楚怀国墓炸开，墓中"宝物"全部落入私囊。更令人惊叹的是，在效法孙殿英一番"神操作"后，李品仙竟也因"抗战积极"次年被委任为安徽省政府主席。高尚与卑鄙、纯洁与污秽，在特殊时期的历史长河中更令人感慨。

李济先生曾痛心疾首地说："贪嗜成性的古董商人肆意掠盗、无所不为，致使中国众多考古遗址惨遭破坏，令人不胜惋惜。此辈歹徒之卑劣采集手段，导致广大公众对古器物之出土地点、层位及连带关系全然无从得知；而此种知识乃进一步系统发掘必具备。古遗址之惨烈破坏，遗物之四散流失，唯有实行以科学发掘为宗旨之考察方得遏止。"而这恰恰是考古同仁孜孜以求的意义所在。

三、史前文化西来说

中国作为四大文明古国之一，其所创造的辉煌成就曾令各国学者赞叹不已，中国文明的起源问题也始终为国外学者所关注。20世纪初国门刚刚打开，各个方面都远远落在了西方发达国家的后面。封建腐败的清朝政府内外交困之际，根本无暇去研究什么文化起源。由于考古资料的稀缺，西方考古界断言"中国无史前文化"，他们说古老的中国文明充其量只是西方文明的变种或余脉，于是中华史前文化西来说顺势而起。具体有埃及说、巴比伦说、印度说、仰韶文化西来说等，其中影响最大的莫过于瑞典学者安特生提倡的仰韶文化西来说。

安特生是一位地质学家，生于瑞典的克尼斯塔，1902年获博士学位。或许是生在寒冷的北欧，安特生自小就狂热地爱上了冰川探险，并多次深入神秘的南北极，虽历经艰险、九死一生却不改初衷。1906年，年仅32岁的安特生已升入瑞典国家地质调查所任所长，并在地质学的多个领域享有盛誉。他所处的时代，无数的西方探险家各怀心思地前往神秘的东方，并凭借先进的技术与手段令足迹遍及整个东方世界。加之各国的远征军和传教士又源源不断地从东方带来巨额的财宝，这一切无疑极大地刺激了安特生对神秘的东方世界充满了无限的憧憬与向往。

机会往往是留给有准备的人。1914年一个春意盎然的早晨，安特生意外地接到了东方古国抛来的橄榄枝。中国政府通过瑞典政府，决定聘请他担任中国农商部的矿政顾问，协助中国专家进行地质和矿物方面的调查。安特生闻讯后万分欣喜，立即启程前往赴任。没有任何人能想到此行将为他带来巨大的国际声誉，更出人意料的是安特生虽是一位地质学家，但令他名载史册的却是其考古学上的成就，而这一切的获得完全得益于一位未曾谋面的中国伯乐——丁文江。

丁文江（1887—1936），时任中国地质调查所所长，江苏泰兴人，曾先后求学于日本及英国的剑桥大学、格拉斯哥大学，是中国现代地质科学的开创者，为推动地质学在中国的发展、培养训练地质科学专门人才做出了巨大贡献。彼时的清政府刚被推翻，辛亥革命的胜利果实却为北洋军阀窃取。内有军阀混战、外有强敌虎视的北洋政府却做出了一项在今日看来依旧非常明智的决定：为了搞清国内矿产资源的情况，尤其是煤炭资源的情况，从欧洲发达国家聘请一位地质学家，在全国范围内进行一次地质矿藏方面的彻底调查。

消息一经传来，在中国境内享有治外法权的诸多西方列强都开始蠢蠢欲动，力图独揽调查大权，以便日后为母国攫取更大的利益。出人意料的是，在众国中北洋政府却采纳了丁文江先生的建议选择了北欧小国——瑞典，其根本原因是：当时的瑞典被中国认为是"西方几个没有帝国野心的国家之一"，与其他列强相比选择他们的人更为"安全"。

来到中国后的安特生即被委任为中国政府农商部的矿政顾问，尽管当时的中国政局动荡、兵荒马乱，但他很快就发现贫穷的中国却是一座未开垦的金矿，那些人迹罕至的荒山野岭、那些鸡鸣狗吠的贫穷村落深藏着无尽的宝藏。有鉴于此，他向丁文江所长提出了结合地质调查合作采集古代生物化石的提案，采集的化石由中国地质调查所和瑞典的几家博物馆分别收藏，这一提案很快得到了批准并付诸实施。

在这片神奇的东方土地上，安特生将自己的科学探险事业推向了巅峰。1921年，安特生的助手刘长山在渑池县仰韶村采集购买了600余件古石器。这

些古石器被运回北京后，安特
生对它们非常感兴趣，后又亲
自来到仰韶村考察。他在路边
断壁上发现了一件红底黑花、
打磨光滑的彩陶残片，又在一
个灰坑里发现了石斧。对彩陶
与石器共存的现象，他感到疑
惑不解。这现象竟使他一度产
生"如此美丽的陶片绝不会是
史前时期的产物"的想法。直
至返京后查阅了美国地质学家
庞帕莱在俄国土耳其斯坦安诺
的考古发掘报告后，他才意识

安特生（左）与彩陶

那些美丽的陶片确有可能是史前产物。为印证这一推断，在中国北洋政府的支
持下，安特生又重返仰韶，与奥地利古生物学家师丹斯基、地质学家袁复礼等
人一起从1921年10月27日开始，在仰韶村进行了长达30天的考古发掘，向世人
揭示了一种崭新的彩陶文化。仰韶文化的发现，不仅使西方学者长期宣传的
"中国无史前文化"的谎言不攻自破，而且也为探寻中华文明起源开辟了新道
路。

安特生在《中华远古之文化》一文中提出：

仰韶陶器中，尚有一部分或与西方文化具有关系者，近与俄属土耳其斯坦
相通，远或与欧洲相关。施彩色而磨光之陶器即其要证。……与此相似之陶
器，欧洲新石器时代或其末期亦有之。如意大利西西里半岛之启龙尼亚，东欧
之格雷西亚，及俄国西南之脱里波留，俄属土耳其斯坦之安诺地方，皆曾发
现。各处之器，各有特点，然与河南仰韶古器之器工花纹，皆有相似之点。夫
花纹式样，固未必不能独立创作，彼此不相连属，然以河南距安诺之器相较，

其同形相似之点，既多且切，实令吾人不能不起出于一源之感想。

为支持以上假说，安特生和他的助手又用数年的时间在我国的陕、甘、豫等地进行了更为广泛的考古调查，并陆续发现了与仰韶文化相类似的多处彩陶文化遗存，命名了"马家窑文化""半山文化""齐家文化""辛店文化""马厂文化"等，这些标本后多被运至瑞典斯德哥尔摩的远东古物博物馆。此外，作为旁证，安特生也高度关注考古学家郝步森与施密特的意见。公允地讲，安特生并不是一个心怀偏见的民族主义者，只是限于当时考古材料的匮乏及统治学界的"中国文化西来说"的影响。值得一提的是，在未获得同时代遗物作为参考之前，安特生对其提出的假说始终保持着高度谨慎的态度：诸如其反复指出"解决此问题，尚须多加研究"，"欲完全解决此问题，是在考古学家、人种学家及语言学家同力合作，取固执之成见，为诚实之讨论，庶能渐达"。

安特生提出中原彩陶西来说后很快引起了国内外学者的关注，质疑批评的声音不绝于耳。早在1930年，傅斯年就对安特生提出过尖锐的批评：

安特生的考古方法，确实是比中国人有进步，所得的有趣味的材料，亦为不少。但是他的实际工作有甚多可议之点：（一）不能利用中国的材料；（二）走马看花，不辩充分的考验；（三）粗心挖掘，随便毁坏；（四）如掘不得，即随便购买。关于购买这一层，最不可靠，因为不知道它的来源，不如亲自掘出来的较为确实可信。把掘出来的考订完竣，再把买来器物做个比较，是不能把买来的当作材料的。安特生对于考古的功劳，着实不小，但是他对于甘肃一带的古物，因发掘时的不细心而毁坏去的，却也是不少。

但是，对此说的彻底否定却有赖于城子崖遗址的发现。在这个遗址的下层，考古者发现了迥异于此前安特生发现的彩陶的磨光黑陶。这种磨光黑陶，造型之优美、工艺之精良前所未见，可谓登峰造极。这是黑陶在华北地区的首次发现，结合稍后安阳殷墟后冈三叠层的问世，这一问题才得到了彻底解决。

后冈文化堆积层中最下层为"彩陶文化"，中层为"黑陶文化"，上层为"小屯文化"，时代先后顺序异常清楚，为厘清饱受争议的彩陶文化与黑陶文化先后关系提供了来自地层上的直接证据。至此，对"黑陶文化"的性质就有了一个明确的认识：它应该是晚于仰韶文化，早于殷墟时代。城子崖遗址发现的黑陶与卜骨为殷墟文化找到了部分源头，使人们对中华文明黎明期的认识也进入了一个新阶段。城子崖遗址的发掘、龙山文化的确定与殷墟后冈三叠层的发现，纠正了长期以来将仰韶文化与龙山文化混为一谈的错误，印证了中华文化一脉相承的特点，有力地否定了"史前文化西来说"的观点。

四、筚路蓝缕开新篇

孔子曾在川上曰："逝者如斯夫，不舍昼夜。"蓦然回首，中国考古学已然走过90余年的历程，尽管其间经历了无数崎岖，尽管还留有太多遗憾，但仍然可以骄傲地说中国考古学的发展及其所取得的辉煌业绩不逊于这个日新月异的时代。中国考古学是中华人民共和国成立70年来在发展速度和进步幅度上最为显著的人文学科之一，而这一切的开始却异常艰辛。

1925年，在合作伙伴美国弗利尔艺术馆毕士博专员的建议下，李济先生经过长期的思考将发掘的目光投向了晋南汾河流域。之所以选择此地主要有两方面的因素：一是史籍中有关尧都平阳、舜都蒲坂、禹都安邑的记载丰富，此地考古资料相对丰富；二是山西地区治安相对稳定，战乱频仍之际这点

西阴村遗址出土的彩陶盆（现藏于运城市博物馆）

尤为重要。1926年春，李济与袁复礼同行前往晋南进行考察，后在夏县西阴村主持发掘。此次发掘共获彩陶片超10万件，还出土了不少石器、木块、骨器及半个茧壳。这是中国学者自己主持的第一次科学田野考古发掘，但这次调查和发掘属于国际合作的性质且发掘的规模也较小，所以尚不能算是由中国学术机关独立进行的考古工作。

1928年10月，史语所考古组同仁主持了殷墟的第一次田野考古发掘，这是中国学术机关独立进行科学发掘的开端，也似雄鸡报晓般向全世界宣告了中国考古学的正式诞生。但此后不久中原大战爆发，加之与地方政府矛盾重重，殷墟发掘只能时断时续。第三次发掘结束后，考古组不得已退出殷墟，接受李济、吴金鼎师徒的建议开始对城子崖的发掘。这次由中国考古学家独自发现、独立组织，且采用了一套科学的记录方法，带有明确学术目的进行的考古发掘，揭示出一个未知的以黑陶为特征的史前文化——龙山文化。

20世纪20年代从西方传来的考古学被引入中国后，无论在理论还是方法上都经历了一个适应发展的过程。最早来到中国境内从事考古的都是以各种名义来华的外国学者，如以矿政顾问为身份的瑞典人安特生。作为一名地质学家，他的发掘方法是设立基线，并在基线上标明刻度以便记录遗物出土位置。这是一种水平的发掘方法，虽方便易学却忽略了考古学地层的复杂性，即地层有叠压、打破、平列、依附、重合等复杂现象。以李济先生为代表的中国学者虽然也采用水平层位发掘法，但比安特生的发掘有显著进步。考古学家陈星灿在《中国史前考古学史研究》一书中曾这样评价道："李济的发掘是相当科学的，它代表了20世纪20年代发掘的较高水平。"具体表现在：①采用了探方发掘法，更易把握地层变化；②为了控制地层和发掘后了解验证地层的变化情况，在探方相邻处保留圆形土柱，也就是后来"隔梁"的雏形；③仔细观察土质土色，在水平地层内按土质土色划分出若干自然地层；④注意到打破和扰乱的现象。哈佛大学著名考古学家张光直就曾评价道："这种发掘方法今天看来虽然简单，在60年前却有开天辟地的意义。"

李济先生主持的城子崖发掘在此基础上不断尝试着创新与突破，如从吴金鼎先生第一次大规模的平翻探沟发掘到梁思永第二次注重在城墙等遗迹的叠压打破关系的解剖与观察，这些方法在城子崖的运用都是卓有成效的。城子崖龙山文化的发现为证实梁思永发现的"后冈三叠层"做好了铺垫，它与仰韶文化、殷商文化的关系是解答中国史前文化的关键，正因如此也奠定了城子崖在史前考古上的重要地位。面对这一空前的大发现，傅斯年所长曾以诗一样的语言称颂城子崖遗址"是一个千年大树的横切面，又是一个多数脉络的交汇所"；并说此次发掘工作"为史前时代考古之一基石，在中国考古知识之征服上，建一形胜的要塞，替近海地方的考古学作一前驱"，"为昆仑山下一个长源"。

两次发掘，取得了如下成果：

（一）遗址内无疑包含上、下两个文化层。这两个文化层在地层及实物内容上均有明显差别。

（二）上层文化已到使用文字的时期，与中国古史的记载相印证。此层似为春秋战国时期的谭国都城遗址，上层文化所属年代当可由此而推定。

（三）上层文化最显著的进步是开始使用青铜器，有正式的文字，陶器以轮制为主。上层的出土物似直接继承下层文化，但其中略有演变。

（四）下层文化属石器文化。陶器以手制为主，但轮制已出现。所出土的黑陶和粉黄陶工艺精湛，造型奇特，极富创造力和想象力。此类工艺，到上文化层似已失传。

（五）城子崖最可注意之实物为卜骨。上层只用牛胛骨，下层兼用牛、鹿胛骨，故上、下两文化层虽属两个时期，但实为一个系统。由卜骨可知，城子崖文化与殷商文化为最直接的传承关系。

与此同时，城子崖的两次发掘还为中国培养了一批优秀的考古人才，这些年轻学人在日后的考古领域均做出了巨大的贡献，为中华民族在这一专业领域争一世界性荣誉成为可能。作为考古学之父的李济先生曾戏称"自己是半路出身的考古学者"，真正专门研究考古学的梁思永先生回国后旋即投入东北、华北地区的石器遗址的调查及殷墟、城子崖等地的发掘。在李济、梁思永两位先生的带领下，城子崖两次发掘的参与者（吴金鼎、董作宾、郭宝钧、李光宇、王湘、刘屿霞、张善、刘锡增）的业务水平都得到极大的提高，这一点在《城子崖》报告中也多有体现。尽管各章节的执笔者不一，但是可以从报告的设计思路上清晰地看出，他们对材料的运用是由大到小，由整体到局部，由现象到内涵。在运用材料对遗址文化性质的考证的时候，也能遵照有多少材料说多少话的准则，依据实物不过分推理，处处体现了"无辩"的思想。

尽管《城子崖——山东历城县龙山镇之黑陶文化遗址》是"中国考古报告集第一种"，在撰写过程中并无前例可循，但整本报告体例完整、措辞严谨、材料翔实、制图精确、印刷精美，至今仍可视为楷模。而且，报告末尾还附长达30余页的英文摘要，这段英文摘要并非可有可无。在当时的学术背景下，城子崖的发掘具有明显的倾向性和目的性，即追寻中华文明起源。城子崖遗址的发掘给当时盛极一时的"史前文化西来说"予以有力的回击，彻底宣告了安特生的仰韶文化西来说的破灭。可见，这段英文摘要的目的是向国外的学界传递古老中国的最新发现，为悠久辉煌的中国文化和这个文化孕育出的中国学者争得一世界性名誉，其立意深远、内涵丰富。这段英文摘要不仅具有时代意义，同样具有国际性的眼光。

如果我们以当下的眼光来审视，囿于时代、技术和方法的局限，这两次发掘难免有一些不足：对地层的观察还不够细致，划分尚不够明确；对器物的介绍，划分标准也多有不一；在器物描述时有些过于简单，在材料的选择上没有突出全面性，而是只择典型；等等。正因如此，我们更应正视这些不足，明白这是中国考古学发展史上必经的初创阶段。就报告本身而言，《城子崖》无疑为日后的考古报告树立了一个良好的起点与典范，可谓瑕不掩瑜。

在学术界，近年来似乎看重的是论文和专著，田野考古发掘报告被认为只是田野工作的整理资料，而不是重大核心学术成果，其实这是对考古学的最大误解。考古学家贺云翱先生曾指出："一个国家和地区的考古学术水平是由它的田野考古报告所积累而成，一个职业考古学家的根本成就也是由他所执笔完成的考古报告所体现。为此，每当我捧起那或厚或薄的田野考古发掘报告，

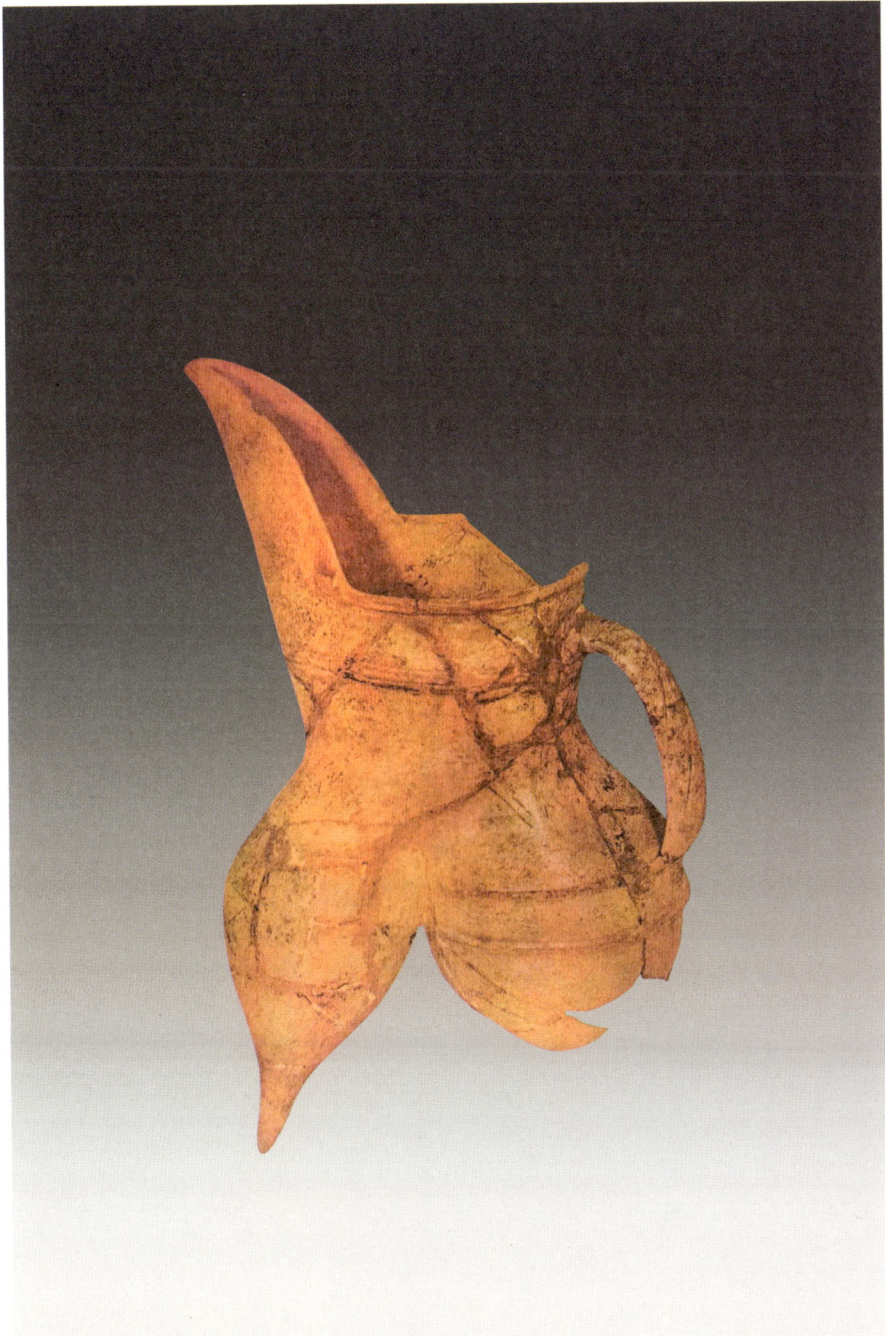

城子崖下文化层出土的陶鬶

我都会对报告的完成人报以深深的敬意！我从报告中能够读出他们的辛勤、智慧、汗水，甚至可以感受到他们满含情感的目光和经过手铲与笔墨传递而来的体温。"对此我深以为然！

最后，还应提及的一点是城子崖的发掘还开创了公众考古的先河，这一点在以往的研究中较少被提及。殷墟发掘的受阻及城子崖发掘的顺利使李济先生逐渐意识到，地方保护主义才是阻碍科学考古的绊脚石，而广大民众文物保护知识的匮乏更是不利于科学考古发掘的重要因素。为了能更好地开展工作，让更多的民众认识文物，增加对科学发掘意义的认识，争取全社会对史语所考古组工作的理解和支持，1931年2月，李济在南京举办了"河南安阳殷墟发掘和山东龙山遗址发掘成绩展览"，展出了殷墟出土的甲骨文、石器、陶器、青铜器和城子崖出土的黑陶。此次展览是近代以来中国举办的第一次出土文物展，社会各界人士纷纷前来，盛况空前。同时李济先生还应景地进行了几场名为"中国上古史的新材料及新问题"的演讲，整个活动在当时引起了很大的轰动，各路媒体纷纷报道，激发了民众对文化的认同与自信，在客观上也推进了《古物保存法》的颁布。作为近代史上第一部由中央政府公布的具有现代意义的全国性的文物保护法令，《古物保存法》第一次以专门法规的形式将文物保护纳入法律的羽翼。在傅斯年、李济、董作宾诸位先生的努力下，该法将"埋藏地下及由地下暴露地面之古物概为国有"写入第七条，从而为中国近代文物保护提供了法律上的保障，使文物保护有法可依。尤其在阻止外国考察队私自独立考察、防止珍贵文物外流方面功不可没，近半个世纪文物外流、国宝流落异乡的局面得以缓解。

JINAN 济南故事

第五章

自成一体的海岱山史前文化

随着越来越多的龙山文化遗址的发现，特别是1959年发现了大汶口文化之后，人们愈发地开始关注龙山文化的来龙去脉。越来越多的学者坚信只要找出城子崖黑陶文化前后发展演变的规律和分布范围，中国黎明期的历史就可以解决一大半。于是，一代代的考古人风餐露宿、青灯黄卷，不畏艰辛孤苦、不惧严寒酷暑，几十年如一日地行走在祖国大地上。毫无疑问地说，今天这一科学设想在东方的海岱地区已然解决，自新石器时代开始到西周中期结束，文化发展一脉相承，是一个相对独立的文化体系。

一、大汶口文化

1959年5月，天气刚刚转热，津浦铁路复线工程在如火如荼中进行，正在大汶口汶河南岸津浦铁路东侧堡头村西约100米处挖土方的民工，突然在泥土中刨出了一批陶器碎片和零碎遗物，接着又挖出一件完整的陶背壶。宁阳县文化部门闻讯后立即向济南市文化局报告，文化局立即派出人员前往调查，根据已暴露出的彩陶位置准确地断定该地为一处新石器时代文化遗址。

6月24日，大汶口遗址的发掘工作正式启动，一段尘封了4 500—6 300年的历史即将现世。此次发掘由山东省文管处和济南市博物馆主持进行，中国科学院考古所山东队对发掘进行了指导，发掘面积达5 400平方米。此次发掘证明这里是一处集中的氏族公共墓地。发掘发现了新石器时代墓葬133座，所有的墓穴均为长方竖穴土坑。小墓狭窄简陋，没有或只有一两件随葬品；中型墓少数有木椁，随葬品有10—20件；大墓坑穴规模大，棺椁俱全，随葬品少者50—60件，多的达180余件。此次发掘共出土遗物1 000余件，其中红、灰、黑、白的单色陶都有，还有精美的彩陶。石器、骨器、玉器亦很丰富，令人叹为观止的是还发现了精美的镶着绿松石的透雕象牙器。此外，还发现了大量的动物骨骼，为研究史前社会提供了重要的资料。在其他遗迹中还发现了陶窑一座。

修铁路之前，村民们也曾在挖地窖、建房子、耕地时挖出过石器、象牙、陶片等，但没有人知道其生活的土地之下竟埋藏着如此多的珍宝。由于首次发掘地是一处集中的氏族公共墓地，所以也被当地人戏称为"死人坑"。根据现有的材料，大汶口文化在墓葬中的基本特征大致可表述如下：

一、死者都埋葬在氏族公共墓地里，头一般向东。

二、葬式以单人仰身直肢为主，亦有侧身葬，偶见俯身葬和屈肢葬。

三、有成对的成年男女同坑合葬墓出现。

四、有拔牙和头骨人工变形习俗。

五、死者多数手持獐牙，有的用猪牙束发器束发。

六、有用龟甲和猪头随葬的习俗。

七、部分墓葬使用原始木椁。

八、随葬品比较丰富，葬墓规模大小、随葬品的多寡、质量水平相当悬殊。

第四个特征具体来说是彼时居民中盛行枕骨人工变形和青春期拔除一对侧上门齿、有的长期口含小石球或陶球的习俗，即口含直径约15—20毫米的石球或陶球；这球一旦放入，便不再取出，死后犹然。学者多认为这种含球习俗乃模拟吞玄鸟卵而生子，球象征鸟卵，含球有祈子之意。此外，当时还流行在死者腰部放穿孔龟甲，死者手握獐牙或獐牙钩形器，这些习俗在国内其他史前文化中均罕见。

大汶口文化经历了一个实践、认识、再实践、再认识的反复过程。早在1952年，在山东省滕县岗上村就发现了大汶口文化的彩陶片，但由于其彩陶的基本因素，人家多认为是仰韶文化的遗物。1957年，山东省文物管理处又在山东省安丘县景芝镇，发掘了7座大汶口文化墓葬。由于出土遗物的面貌同山东龙山文化较为接近，因此其一度被归为泛龙山文化时期。直至此次大汶口墓葬群的大规模发掘，人们才逐渐开始觉察到这类文化遗存与仰韶文化虽有联系，但差异还是很明显的。举其大者言之：

一、大汶口文化石器精致，不见仰韶文化中常见的陶刀。

二、大汶口文化的代表器物，如背壶、鬶、高柄杯、大镂孔豆，在仰韶文化中均不见。

三、大汶口文化缺乏仰韶文化盛行的绳纹。

四、大汶口文化彩陶有与仰韶文化相似之处，但更多的是具有自己的风格。

五、大汶口文化有精细的玉器和象牙器，仰韶文化则甚罕见。

六、大汶口墓葬有随葬龟甲、手握獐牙的习俗，仰韶文化则未发现。

七、大汶口文化有成对成年男女合葬墓现象，仰韶文化晚期个别地方偶见。

很显然两者间的异大于同，不仅表明它们不属于同一个文化系统，且意味着发展上的不平衡。由于此次发掘正逢中华人民共和国成立10周年及中国历史博物馆的建成，当时的考古学界一致认为这个遗址很重要，既然不属于仰韶文化，为谨慎起见，参展时将其放在龙山文化之后。直至1962年曲阜西夏侯与1973年日照东海峪遗址的相继发掘，大汶口文化的面貌才逐渐清晰起来。

曲阜西夏侯遗址于1957年被发现。1962年9月，中国科学院考古研究院山东队开始进行第一次发掘。发掘面积共89平方米，在遗址西南部的墓地内清理出11座新石器时代的墓葬。在考古学中，辨别考古遗迹之间早晚的办法主要有2种：一种是叠压，另一种则是打破。西夏侯遗址11座墓葬的发掘确定了龙山文化的灰坑，打破了大汶口文化的遗存，很显然龙山文化晚于大汶口文化，至此"大汶口文化"的概念和历史地位正式确定，大汶口文化应为龙山文化的来源。

1973—1975年间，山东省博物馆、山东大学和地方相关部门对日照东海峪进行了3次发掘。这几次发掘的三期墓葬和文化堆积是互相衔接的三期，分别是大汶口文化晚期、大汶口文化向龙山文化过渡期和龙山文化时期的"三叠层"。这就不仅第一次找到了这两种物质文化的过渡地层，使我们对这两种文化的断代，以及前者如何具体地过渡到后者等问题的认识更加清楚，而且也为山东龙山文化的初步分期提供了重要的地层依据。

大量的出土遗物显示：

（一）大汶口文化早期，先民们的陶器、石器的制作已达到很高水平，陶器优美，石器明亮，石锛、石斧已经配套，形成大中小型的系列；社会财富明显增长，已出现了贫富分化；墓葬规模、随葬品多寡悬殊，出现了有二层台结构的男性大型墓，随葬着达百余件的器物，其中陶器多达50余件，而一些小墓仅有数件。

（二）大汶口文化中期，随着父权制的强化，社会生产力得到了迅猛的发展；石器已普遍用管钻孔，品种、数量大增；陶器器类复杂化，产量也明显增长，出现了象牙透雕的新工艺；在原始农业的基础上种植了多种农作物，而且兴起了家禽饲养业和酿酒业。

（三）大汶口文化晚期，陶器、玉器、骨牙雕刻等手工业所表现出来的手工艺技术水平，已处于全国领先地位；随着社会生产力发展和财富的空前丰富，社会分化进一步扩大。张学海先生认为此时已形成阶级社会，出现了国家，进入了文明时代。其主要标志是：贫富分化已达到惊人的地步，出现了陶、玉礼器——白陶和玉铲。大汶口遗址作为早期古国的中心，可能已出现了文字和用铜的痕迹，同时还拥有了大型的防御设施。

陶器作为火与土的交融，它具有异常坚硬不易损坏且耐水的特性，长期广泛地应用于古代生活的各个方面，在满足基本的生活所需之外，又凝聚了先民最朴素的审美情趣。今天，倘若读者有兴趣走进山东省博物馆山东历史文化展厅，在大汶口文化展厅内会发现一件红陶兽形器、一件红陶折腹鼎和一件红陶盘式镂孔豆，这几件都是山东省博物馆的"镇馆之宝"。特别是这件红陶兽形器被塑造成了近似小猪或小狗的形象，头部浑圆，短尾上翘，娇俏可爱。器物可用来盛水或酒，尾根部是注水口可接水，嘴可出水，体肥壮，腹部鼓起加大了容积，四足立起更便于加热，整体造型生动美观。全器构思巧妙，既是实用器，又不失艺术情趣，表现出大汶口先民们精湛的制陶水平和不俗的艺术审美。

大汶口文化红陶兽形器（现藏于山东省博物馆）

二、岳石文化

目前学界溯源岳石文化的最早发现一般会提及城子崖遗址，20世纪30年代考古工作者在城子崖遗址中就发现了不少属于岳石文化的遗物，只是因为当时发掘技术落后及缺乏可供对比的资料，所以并没有把这些遗物从龙山文化中区别出来。实则，据考古学家蔡凤书先生考证，早在1926年日本学者就在辽东半岛的单砣子遗址见到了岳石文化遗物，只是当时缺乏自然层位划分地层的概念，所以也没有把岳石文化从中区分出来，这批发掘品现藏于日本京都大学文学部。20世纪60年代初期在山东潍坊姚官庄遗址发掘时，也曾在该遗址中见过不同于龙山文化的岳石文化遗物，可惜同样被忽略。甚至于1961年中国科学院考古研究所山东工作队在平度县东岳石村这处典型的岳石文化遗址发掘时，仍然把其归并到龙山文化之中。上述发现表明：岳石文化虽发现得很早，但人们对它的认识及确立其在史前考古中的地位却很晚。

1973年春天，山东大学历史系考古专业的师生在山东泗水县尹家城遗址做了首次试掘。

在该遗址龙山文化层和商文化层之间，发现了一种与东岳石遗址相似的文化堆积。据此，蔡凤书先生曾以"尹家城第二期文化"来命名这个新发现，并断定其为山东龙山文化之"去脉"。到了1981年，严文明先生发表《龙山文化和龙山时代》一文，首次提出了"岳石文化"的命名，并明确指出它是继典型的龙山文化之后的另一种考古学文化。其绝对年代在公元前1900—前1600年之间，与中原地区二里头文化（一般认为是夏文化）相当，同属我国早期青铜时代文化。至此，"岳石文化"开始作为一种独立的考古学文化被世人所熟知。

岳石文化一经被认识，人们复查已发表的报告和简报后，才恍然发现在已往被认为属于龙山文化或商周文化的遗存中有多处岳石文化遗存。目前所知岳石文化的发掘地已有40余处，其中比较重要的有山东省的平度东岳石、牟平照格庄、青州（益都）郝家庄、章丘王推官庄、泗水尹家城、菏泽安邱堌堆、海阳司马台、济南历城区大辛庄等地。分布范围比较明确，以泰沂山为中心，北起鲁北冀中，向南越过淮河，西自山东最西部、河南省的兰考、杞县、淮阳一线，东至黄海之滨。

根据现有的资料，岳石文化或有如下特征：

一、岳石文化不是石器文化，而是青铜文化的一支。

二、岳石文化的石器较龙山文化时期落后，半打半磨或局部磨光的石斧、石铲以及打制的圆盘状石器，都是石器制作中落后的表现。

三、出现了一批其前身龙山文化中所未见的石器，如方孔石镢、亚腰形石斧。

四、岳石文化中的主要农业收割用具是双孔半月形石刀。

五、岳石文化的陶器在陶质和陶色上与山东龙山文化大相径庭，岳石文化的陶片以泥质灰陶为主，黑皮陶次之，红、褐陶最少。

六、岳石文化遗址中出土的陶器上占绝对优势的是素面，在龙山文化时期不见或者很少见到的绳纹、细小方格纹、印压"之"字纹、"回"字纹、戳印纹等，到了岳石文化时期便较为多见了。

七、岳石文化的陶胎比较厚重，平均厚度为0.6—0.8厘米，最厚可达1.7厘米。

八、岳石文化不仅陶器器种多样分散，而且在器形上很有自己的特点。比如，陶鼎的总特点是敞口、直腹、圜底、底下三足呈锥状或舌状。

栾丰实先生从文化的分布区域、年代关系和文化内涵等方面分析得出，尽管岳石文化与龙山文化存在着诸多差异，但文化的主体因素依旧源自海岱龙山文化，并在此基础上有所发明创造，同时也接受一些其他外来文化的因素，其族属为东夷族。具体而言：（一）岳石文化的分布范围恰好与海岱龙山文化的分布区重合，二者的重心主要集中在海岱地区。（二）岳石文化的相对年代晚于龙山文化，两者相互叠压的层位关系，实际上在20世纪30年代发掘的城子崖和双砣子遗址就存在，予以明确辨认则始于尹家城；至于绝对年代，岳石文化的上限约在公元前2000年，而龙山文化的下限刚好在公元前2000年，二者在年代上的前后衔接绝不仅仅是简单的巧合。（三）岳石文化在文化内涵的各个方面，均对龙山文化有着内在的继承性，诸如城墙的修筑、房屋建筑、葬式、卜骨、冶铜业、石器制作技术、陶器制作方法等。

岳石文化时期的东夷先民已进入了青铜时代，生产生活的各个方面都得到了大幅度提高，甚至还有迹象表明，鲁西地区岳石文化的创造者们长期与夏王朝相抗衡，并曾经作为商的同盟，在攻灭夏王朝的战争中发挥了极其重要的作用。但这些辉煌的背后，仍不能掩饰其衰退、落后这一不争的迹象。有关岳石文化的衰退原因，主要有"战争说""水灾说"，但是二者仍有牵强之处。

诚然文献中有诸多关于夏商时期东方地区战争的记载，如夏和商代早期对所谓九夷和蓝夷的战争，以及商人为剪灭夏王朝而实施的一系列征战，这些也得到了考古发掘的证实，如泗水尹家城、青州郝家庄等发现有被弃置于灰坑的人骨及章丘乐盘遗址还发现了岳石文化乱葬坑。但部落间的战争只可能带来短期的人口锐减，即使是夏商鼎革这样王朝更迭的大规模战事，也没有造成遗址的减少和聚落形态的明显变化。可见"战争说"过分地强调了岳石文化中的外来因素；至于"水灾说"，即使发生过洪水也只能给局部主要是中下游区域带来冲击和破坏，而不可能导致整个文化区域内人口的剧减和社会发展水平的倒退。况且洪水过后大量腐殖质更有利于农业生产，《尚书·禹贡》载："济河惟兖州。九河既道，雷夏既泽……桑土既蚕，是降丘宅土。"即该地区恰恰是洪水过后更适合大规模的人口居住。

那么，到底是什么原因促使其衰退呢？方辉先生提出了气候变化说，具体地说是气候的突变直接影响了人类的生存环境，并由此引起了文化上的倒退。首先需要澄清的是，海岱地区文化出现衰退的迹象在龙山文化晚期便已经开始了，岳石文化的衰退只是这一过程的延续。聚落区域系统调查表明，龙山文化晚期东夷先民曾有过一次由东南地区向西北地区的迁移，而且有一定的规模，引起这一现象的原因与龙山文化第四期以后环境、气候的变化有关。近年来环境考古所取得的进展表明，我国西北、华北、华东地区在公元前4000年前后出现了降温幅度较大的寒冷期，表现为山地冰川的大幅度推进，随后是湖泊水位的持续下降，其后开始朝着干冷的方向发展，这种状态大约持续了四五百年之

岳石文化双孔半月形石刀（现藏于滕州市博物馆）

岳石文化亚腰形石斧（现藏于滕州市博物馆）

久。气温的大幅度下降，必然会对当时的生态环境和人类的生产活动带来巨大的影响，其中影响最大的莫过于农业，尤其是稻作农业。寒冷的气候使得海岱先民曾赖以为生的水稻大量减产，粟、黍虽然耐干冷，但与稻米相比，其产量则要低得多。因为缺少剩余粮食，此前作为辅助手段而存在的畜牧业现在也是难以为继，此外气候变寒还会直接威胁到另一项食物补充手段——采集经济。总之，从大约距今4 200年前后的龙山文化晚期开始，海岱地区的史前先民面临着因气候变寒所造成的前所未有的生存危机。且这个过程长达四五百年之久，在生存都成问题的情况下，很难设想海岱先民会创造出什么文明奇迹，各种技术的衰退也在所难免。也正是这个持续数百年的气候干凉期，才是促使龙山文化晚期出现衰退、岳石文化持续衰落的真正原因。

三、北辛文化

北辛文化得名于北辛遗址。北辛遗址位于滕州市历史名镇官桥镇北辛村，北辛村位于薛河故道南岸。1964年4月，中国科学院考古研究所山东队在滕州市北辛遗址调查中，采集到一批和大汶口文化风格不同的陶器，称之为"北辛类型"。1978年冬和1979年春，中央考古队和滕县博物馆联合进行了两次大规模发掘，清理了一批灰坑、窖穴、墓葬，发掘面积约2 600平方米，出土有各类石器、陶器、骨器、蚌器等文物2 000余件，经碳14测定为距今7 300—6 300年左右，属于当时山东省新石器时代的最早时期，也是母系氏族社会最为繁盛的阶段。北辛文化的发现与确立，是中国新石器时代考古的重要收获之一，它不仅为大汶口文化找到了源头，而且将海岱地区的新石器文化整整提前了一个时期，从而为追溯中国东方地区新石器文化的产业和农业的起源迈出了十分重要的一步。

北辛文化首先在鲁南发现，不久在鲁北地区也发现了北辛文化遗址。目前在山东发现的北辛文化遗址已有七八十处，主要集中在鲁中南、鲁北地区和胶东半岛地区。分布范围也从最初的鲁南汶泗流域、苏北淮北一带，进一步扩大至鲁北东起平度、西至长清、除胶东以外的山东绝大部分地区。在这一范围内，已发掘的遗址中既有单纯的北辛文化堆积，也有含北辛文化的遗存。其中以北辛、东贾柏、苑城和大伊山遗址较为重要，出土文物最丰富，也最为典型。

北辛文化主要有如下几个特点：

一、在北辛文化遗址发掘出土的文化遗物中，最能反映北辛文化特点的就是陶器。这个时期出土的陶器主要有夹砂陶和泥质陶两种。夹砂陶中多为夹细砂，少数内掺和碎蚌壳。陶色以黄褐色为主，陶质稍次；泥质陶以红陶为主，这种陶火候相对较高。纹饰，陶器大多为素面附堆加纹、锥刺纹、篦纹、划纹、压印纹、掐印纹，这个时期的陶器均采用手制。部分泥质陶的口沿部分留有规整的轮制痕迹，是采用了慢轮修整工艺。陶器的器形以鼎、钵、壶、支座、三足碗等为最具代表性。其中，鼎类器最为发达，鼎有釜形、盆形、罐形、盂形、盘形等。到北辛文化的晚期，还出现了觚形杯。

二、石器有打制和磨制两种，打制石器数量较多，通体磨光石器较少。打制石器的器形有斧、敲砸器、盘状器、铲、刀等。其中，以斧、敲砸器出土数量最多。打制石器制作较简单，但规整定型。有些石器是利用磨制的石铲等大型器物的残片为原料，再打制加工而成。磨制和琢制石器有铲、刀、镰、磨盘、磨棒、石锛等。如滕县北辛遗址出土铲的残片最多，总计在千件以上，器形有略呈长方形或长梯形、圆角方形、舌形等多种。泰安大汶口北辛文化层出土与农业生产活动有关的石器，以铲、斧、磨盘、磨棒、砺石等为最多，斧类器中大多数是在刃器精磨，通体磨光石器较罕见。

三、骨（角、牙）器出土数量多。器形主要有镞、矛、鱼镖、鹿角锄、凿、匕、棱形器、刮抹器、雕刻器（或称两端刃器）、针、锄、笄等。例如：滕县北辛遗址出土骨、角、牙、蚌器217件，其中镞40件、针36件、锥25件。泰安大汶口北辛文化出土有骨、角、牙器291件，这都是骨（角、牙、蚌）器出土数量较多的遗址。

四、居民定居生活稳定长久，形成了以农业为主，畜牧养殖、采集渔猎为辅的生活方式。

北辛遗址堆积层厚达1.5米以上，可知一代代的先民曾长居在此。北辛文化出土的农业生产工具较为丰富，最多的为石器，有石斧、石铲、石刀、石镰、石磨盘、石磨棒等，其中数量最多的是石斧，用于砍伐树木或开垦土地，是一种用途较广泛的工具；其次是石铲，安柄后主要用作翻土。其他出土的生产工具如骨器、角器、蚌器等，其中翻松土地的鹿角锄，点播作物的蚌铲，收割庄稼的蚌镰较多。加工粮食的工具有石磨盘、磨棒、磨饼，这种工具不仅能脱粒，还能磨面粉。从这些文物遗存中，我们可以看到7 000年前，北辛先民在农业生产劳动中，创造了一套包括耕耘、播种、收割、脱粒等较为完备的工具，已经进入锄耕阶段。考古者在一些陶盆的底部发现有粟糠的遗物，在一个窖穴里面还清理出碳化的谷物。所有这些都充分表明，当时的原始农业已初具规模，农业生产已是他们生活资料的重要来源，也是定居生活得到巩固的重要保障。

北辛遗址发现了家猪形动物骨架和羊、狗、鸡等动物遗骸，说明北辛先民已经将动物驯化成家畜家禽，最早的畜牧养殖已经形成。特别是猪的饲养和农业生产有密切的关系，粮食加工剩余的糠皮可作饲料，反映了原始农业生产的发达。此外，从北辛遗址出土的陶网坠、鱼标来看，北辛先民已经掌握了结网捕鱼的技术。从木棒砸鱼到结网捕鱼，不仅是一个量的变化，更是一个质的飞跃。从大量的鱼骨、贝壳来看，水产资源是人们生活不可缺少的食物来源。

北辛先民从莽莽山林中走出来，选择在这片土地上定居，在这里繁衍生息了近千年左右，创造了璀璨的农耕文明。遗址东部，是连绵不断的群山丘陵；遗址西部，是浩渺辽阔的湖泊湿地；遗址南北，分别是一望无垠的平原土地。遗址所处位置，正是山前平原，河岸高地，三面环水，自然生态优美。这里有着充沛的山林资源，有着充足的水资源，有着充分的土地资源。这里可耕、可猎、可渔，无疑是最适宜人类定居的地方。

刚刚落成的滕州市博物馆于2019年迁入龙泉广场新址，是中国县（市）级馆中收藏量最大的博物馆之一，2020年底更是荣升为国家一级博物馆，至此山

北辛文化陶盖鼎（现藏于滕州市博物馆）

东的县级国家一级博物馆总数增加至3家（另两家分别为滕州汉画像石馆和青州博物馆），同时也是全国仅有的3家。滕州作为北辛文化的命名地，滕州市博物馆陈列着多件北辛文化的典型器物，其中有一件令人过目不忘。它是一件橙黄色陶盖鼎，通高37.5厘米，口径23.5厘米，腹深16.6厘米，重达3 110克。它是一件炊具，口微敛，腹浅底微鼓下垂，口外侧一周锯齿状窄锥纹，有对称的小鼻四个。鼎下有三圆锥形足，便于烧柴的方便性及受热均匀。鼎上一个锥形盖，此盖的功效：一是煮饭熟得快；二是保温性能好；三是卫生，避免了烟熏味。此器制作精美，造型大气，兼具美观性和实用性，为不可多得的北辛文化陶器精品，无外乎有人将其称为"最早的厨房革命"。

四、后李文化

同其他的史前文化一样，后李文化的遗物也发现得很早，但将其作为单独的一类文化遗存加以认识，则始自淄博市临淄区后李官村遗址的发掘。该遗址发现于20世纪60年代初期，1965年曾做过一次试掘，然囿于当时的历史条件和认识水平的限制，并未把这一遗址的早期遗存与其他考古学文化区别开来，以致忽视了它的重要学术价值，特别可惜的是当年的试掘资料也因时代原因荡然无存了。1988年秋至1990年上半年，为配合济青高速公路的建设，考古工作者对后李遗址进行了连续四次大规模的考古发掘，揭露面积达7 000平方米，为重新认识该遗址的早期遗存创造了先决条件。

经过考古队员的发掘，发现该遗址文化堆积层厚达2—5米，内容十分丰富，包括新石器时代早期、西周早期、春秋战国、汉代、宋代、元代乃至清代等不同时期的遗存。1990年被列为全国十大考古发现的临淄后李春秋大型车马坑就是在这里发现的，后在此基础上新建了临淄中国古车博物馆。

后李官庄遗址的新石器时代遗存包括该遗址的9—12层，根据相关遗迹又可将其分为两个大的期别，即后李文化一期和后李文化二期。后李一期文化与后李二期文化有着根本的差异：前者均为夹砂陶，未见泥质陶，后者泥质陶已占相当大的比重；前者以圆底釜为主要炊器而不见鼎类，后者则以鼎为主要炊器。故两者应分属于两种不同的考古学文化。后李二期文化相对年代约在北辛文化晚期至大汶口文化早期，属北辛文化的一种地方类型。后李一期文化属全新文化面貌的文化，它的相对年代早于北辛文化，经碳14测定约在距今8 500—7 900年间。

随着对后李文化认识的深入，考古工作者又重新对海岱地区新石器时代早期遗址做了梳理，又从已经被认为是北辛文化或大汶口文化的遗址中拣选出十几处含有后李文化的遗址：诸如长清官庄遗址、万德西南遗址、章丘绿竹园遗址、摩天岭遗址、小荆山遗址、西河遗址、邹平孙家遗址、苑城西南庄遗址等。目前所见这些遗址均分布在泰沂山脉以北、小清河以南的北麓冲积地带，章丘境内较多。相信随着发掘工作的不断进行，后李文化遗址的数量会不断增加，分布范围也必将扩大。

通过对遗址中的孢粉进行分析，后李遗址的植被具有明显的草原特征，草本植物比较茂盛，在低洼、沼地及积水之处主要生长着香蒲、莎草、狐尾藻及水蕨等，大量中生、旱生的蒿、藜及禾本科等分布于平原、低地及开阔平坦之处，在遗址附近的低山、丘陵之上主要生长着松、桦、桤木及胡桃等针阔叶植物。这一时期气候比较温和，且降水充沛，年平均气温可能要比现在高4—5摄氏度，大致与现在福建一带的气候相似。当时的居住区域，地势比较平坦接近河边，有不少野生动物在这里栖息与嬉戏，主要有圆顶珠蚌、珠蚌、扭蚌、俭状矛蚌、楔蚌、丽蚌、蓝蚬、青鱼、草鱼、鳖、雉、斑鹿、鹿、羊、牛、马、野猪、家猪、狼、家犬、狐、貉等。在这些动物中，其中7种为淡水软体动物，2种淡水鱼，1种鳖，1种鸟，6种野生兽类和5种家畜。淡水软体动物主要以珠蚌、楔、蚌和丽蚌等为代表，是一些流水型软体动物。淡水鱼为吞食能力很强的青鱼和草鱼。

我们不妨简单地复原一下后李文化时期的淄博：南边远处的山坡上覆盖着森林，水量充沛的潍河经前埠下向北归入大海；河两岸的草地上分布着大大小小的沟湾港汊和积水洼地，河岸湖滨的埠丘上灌木丛生；虎、猫、水牛、梅花鹿等出没于丛林或游荡于灌木丛中，獐、鹿、野猪、狗獾等穿梭于林间草地与河滨芦苇丛中，狐、貉等常在河滨捕食鱼虾，为狩猎经济提供了良好的自然环境；东夷的先民们就在这滨河临海的埠丘附近过着自由无争的渔猎和农耕生活。

自然环境是人类赖以生存和发展的客观载体，在特定条件下自然环境往往制约甚至决定人类的生存与生产方式，亦即在不同的自然环境中常常存在着不同经济的文化类型，以及与之相适应的居住生活方式等。所以，人类所创造的文化遗存，包括聚落形态等无不深深地保留着自然环境的烙印和特征。通过对后李文化时期的动物组合、遗骸、孢粉组合、硅酸体等有关环境资料的初步分析，可以看出山东地区在后李文化时期的自然环境较今日有很大的不同。这里曾经是气候温暖、水网密布的亚热带景观。孢粉显示，当时的气候特征是温暖湿润的，遗址附近有沼泽和大面积的水域，山地有森林覆盖，反映的是湿热的亚热带气候环境，其植被具有明显的草原特征。后李文化的先民就是在这样的自然环境下从事各种生产活动、繁衍生息，并创造出了光辉灿烂的史前文化。

据现有资料可将后李文化的主要特征概括如下：

一、陶器。器形主要有釜、碗、盒、壶、罐、钵、匜杯、器盒和支脚等，在小荆山遗址还发现了小型陶塑，有猪和人面像。其中釜的数量极多，据后李遗址出土陶器统计，釜约占陶器总数的70%以上。釜是后李文化最具代表性的器物，形制近似筒形，深腹圜底。绝大多数口沿反叠成双层，唇部或刻、戳、按、刺、压成花边状。多为夹细砂，有的掺蚌末和云母。据已发掘的后李、西河、小型山三处遗址看，均无泥质陶。陶器断面和器表很难观察到泥条盘筑痕迹，更无轮制旋纹痕迹，似是精心而为。器物造型都很规矩，主要为圜底器，平底器和圈底器极少。这一时期既没有三足器也没有彩陶和彩绘陶，胎薄而匀称。陶色流行红色和红褐色，也有一定数量的灰褐色和青灰色，红褐陶最多。陶器的烧成温度较低，火候不匀，质地疏松，个别遇水则溃。陶器纹饰以素面为主，较少有装饰者。较大型器物的口沿往往反叠或双层。总之，后李文化的陶器种类比较单调，器形造型简单、古朴，流行夹砂红陶和圈足器。圜底器数量最多，制作工艺比较原始。

二、石器。石器出土数量较多，器形有锤、斧、锛、凿、铲、砺石、磨盘、磨棒、支脚、刮削器、尖状器、石核等。按制法分，有打制石器和磨制石器，其中打制石器为主。斧类石器通体琢制，刃部磨光，有的通体磨光，不见钻孔。石铲为长方形板状，两者均有十分明显的磨蚀痕迹。交互打击，似经磨光。总之，石器制作较简单。

三、骨器和蚌器。骨、角器数量不多，除少数通体磨光外，多数只在锋、刃部略加磨光。器类有锥、镖、匕、耜、镞状器、笄等。蚌器，出土数量很少，多数保存不好，无完整器。

四、墓葬。在已发掘的后李文化遗址中，多处遗址可见后李文化的墓葬。墓葬有土坑竖穴和土坑竖穴侧室墓2种，均为单人仰身直肢葬，墓小，墓穴仅容1人，不见葬具，随葬品极少。例如，后李遗址土坑竖穴侧室墓较有特色，其结构为在长方形竖穴墓道式为仰身直肢，头向东，有少量随葬品。在小荆山遗址还发现一处氏族公共墓地，现仅存21座，分为3排，呈东西向排列，十分整齐。墓葬皆为长方形土坑竖穴墓，头向北，未见墓具痕迹。葬式皆为单人仰身直肢葬。绝大多数墓葬没有随葬品，个别墓主手握蚌壳。墓主手握蚌壳这一习俗在后来的大汶口—龙山墓葬中（如大汶口、西夏侯、三里河等墓地）多有发现。后李文化墓葬的发现，为海岱地区这一奇特的埋葬习俗找到了渊源。

五、房址。已发现的房址近70座，均为半地穴式。房址平面呈圆角方形或圆角长方形，面积多在30—40平方米，最大者超过50平方米。房内有成组的平地垫支式烧灶，一般为1—3个，最多可达4个。多由3个石支腿和1个陶釜组成。房门不详，当在南面正中，与灶相对。房址之间一般相距5—8米。例如，后李遗址房址F1，半地穴式，整座房址由门道、地穴、柱洞组成。地穴呈不规则圆形，坑壁倾斜，上口南北宽3.4米、东西长3.2米，底部南北宽2.9米、东西宽2.9米、深0.68米。内部堆积分3层：上层灰黑色，土质松软，含有红烧土块和草木灰，为废弃后形成的堆积；中层为路土，较硬，中部和门道相对处较厚，南北两侧较薄，厚约3—7厘米；下层为夯土，较坚实，厚9—10厘米。地穴南侧台

后李文化深腹圜底釜（现藏于龙山文化博物馆）

面上发现7个柱洞，它们直径5—10厘米，间距10—20厘米不等。西河遗址房址F1，半地穴式，平面呈圆角方形。南北长7.4米、东西宽6.8米、残深0.5米，室内面积达50余平方米。墙内壁规整，室内地面近平。房内中部为灶址，由3组支脚构成，整体呈三角形排列。房内在位置上有居住、炊饮和活动、储存物品之分。小荆山遗址F11，亦半地穴式，平面略呈长方形，室内面积约32平方米。房内中部有3组灶址，房内周缘有柱洞10个，门道为台阶状。

后李文化的发现具有重要意义。首先，为北辛文化渊源问题的解决提供了直接线索。后李文化早于北辛文化，北辛文化很可能是承接后李文化发展而来的。其次，缩短了山东地区旧石器时代与新石器时代的距离，使山东新石器时代的历史又上推了约千年左右。再次，后李文化的发现为这一地区新石器时代的分期提供了一种新线索。但是，应当指出的是，有关后李文化的一些问题还在讨论中，还需要进一步研究和认识。尽管如此，还必须指出，就目前的资料看，我们认为"后李文化应是一种较北辛文化更早、更为原始的考古文化，北辛文化则应是承接后李文化或后李文化的某些因素而发展起来的。但是，两者间还存在着较大的缺环：如后李文化不见泥质陶，北辛文化早期即有相当数量的泥质陶；后李遗址数万片后李文化的陶片中，仅见两例乳丁足残片，而北辛文化早期的高足陶鼎已相当发达，其间应有一个从无到有、从少到多的发展演变过程。也就是说，北辛文化可能有更早的遗存尚未发现，或者是后李文化还有较晚的遗存。有幸我们的这种推测由中国社会科学院考古所山东队的发现证实。最近，据胡炳华先生告知，在兖州西桑园遗址的发掘中，发现了比北辛遗址更早的北辛文化遗存，在这种遗存之下叠压着一种类似或属于后李文化的遗存，从地层关系上更确切地证明了后李文化早于北辛文化"。

五、扁扁洞遗址

地处泰沂山区的沂源县是山东发现旧石器时代遗址最早、最集中的地区，这里曾发现了山东地区最早的人——沂源猿人。尽管我们现在还不能说

扁扁洞遗址地貌

沂源猿人就是东夷先民的远祖，但此地有沂河穿过，北围子山植被茂盛，水源涵养较好，有沟坎处则出水为泉，常年不涸，良好的自然环境孕育了早期人类的繁衍。

扁扁洞遗址位于距此不远的张家坡镇北桃花坪村北侧，羊家沟东侧北围子山崖西壁上。羊家沟发源于沂源与临朐交界的松多山，南入沂河。此处曾为民国时期土匪的藏身之地，后来村民常来此取土垫畜圈。2004年，附近村民徐新范照常去洞里掏土，无意间发现几块骨骼，很像人的头骨碎片，后经中国科学院古脊椎动物与古人类研究所旧石器考古学家高星先生测定，人头骨的年代在距今9 800—9 600年间，兽骨年代距今1万年以上，这一发现旋即引起了学界的高度重视。

2005年夏，由中科院古脊椎动物与古人类研究所和山东省文物考古所合作，对扁扁洞遗址进行了首次发掘。这次原定按旧石器考古的方法进行，可结果却与之前的推测并不相符。在发掘过程中发现的磨制石器、骨器及陶片，其纪年均已进入新石器时代早期。这个意想不到的收获使考古队员们异常欣喜，因为发现层位明确、遗存丰富的新石器时代早期文化遗址，不仅在山东乃至整个黄河流域都是第一次，意义重大。

2006年冬、2011年秋，山东省考古所又对该遗址进行了第二次、第三次调查。考古人员对洞内文化堆积的形成过程及特征有了更准确的把握，而且获得了较为丰富的出土遗物，包括石器、陶器、骨器以及较多的石块、动物骨骼、螺蚌壳、植物果壳等。

由洞口向内不过数米处就是洞厅，原来基本上布满了文化堆积，只是被村民取土所破坏。根据土质、土色以及包含物等情况的变化，洞内堆积可以分为两部分，距地表1米左右为人类文化堆积，其下为自然堆积，深达3米。文化堆积共分5层，层次分明、厚度均匀、起伏不大，除东部洞口外均呈水平状相叠压。第一层受人畜扰动表面凹凸不平，土质疏松，可见新石器时代早期及龙山、春秋时期的陶片等；第二层为黄褐色土，顶部与"钙板"胶结，伴生兽骨和石块及数量稀少的陶片，表面有烧土面和灰烬层痕迹；第三层土色最深，包含物最丰富，含较多兽骨、灰烬及少量陶片、底部常见烧土面及灰烬堆积；第四层为黄色黏土，颗粒细腻，包含物较少，夹杂一些烧土粒和兽骨，陶片甚少见，与下覆的黄土层较为接近；第五层初步推断为次生黄土堆积，也是最初被人类利用时的地表。

除表土层外，各文化层均发现了明确的活动面。第三层可细分为2层，在下面一层的表面，发现有意铺垫而成的厚约3厘米的砂层。每层活动面上都分布着多处烧土面，大多为平地堆烧，有的上面堆积着灰堆，其中夹杂着烧骨与炭屑；有的周围还摆列着有垒砌痕迹的石块，可能是简易的灶；还有的灰堆上面放着石块，可能是为了压火。

扁扁洞是洞穴遗址，但令考古队员不解的是此洞口却朝北，冬季洞内滴水成冰，可能并不适合居住，发掘者们认为这是一处季节性的居址。但整齐的文化堆积厚近1米，各层反复出现的烧土面等遗迹现象表明，人类曾持续地在此活动，时间持续了数百年以至上千年。可能他们已经具备了在类似环境中越冬的技术手段，或者我们大大地低估了古人适应自然的能力。

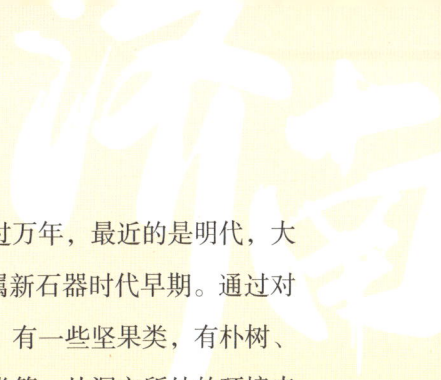

通过对人类文化堆积层的分析，最早的数据超过万年，最近的是明代，大部分样本数据则集中在距今9 800—9 500年之间，属新石器时代早期。通过对遗物分析来看，扁扁洞遗址内发现的植物遗存不多，有一些坚果类，有朴树、核桃等，还有少量黄檗、山茱萸属、狗尾草属、豆类等。从洞穴所处的环境来看，采集经济应该是生产中的重要一环。此外，遗址中还发现大量兽骨，多数都是生长于附近的中小型哺乳动物，有鹿、猪、狗、獐、竹鼠等，各种鹿占绝对优势，还有少量的鸟禽类与鱼、鳖、蚌、螺等。生活在扁扁洞的古人类的食物主要来自山野的动植物，狩猎采集是他们获取这些资源的直接手段。

在扁扁洞诸多的出土物中，最值得称道的是出土于T1第四层表面一处烧烤面附近的石磨盘和石棒的组合，磨盘为扁长方体，形制规整，工作面中部下凹，一端有檐状把手，制作精良，专家们认为这套组合在同时代的同类器中堪称精品，已达到很高的工艺水准。以往的此类发现多与农业相关，但考虑到扁

扁扁洞遗址出土的石磨盘

扁洞位置较高，并不利于农作，而且在洞内也没有发现其他与农业相关的工具，所以发掘者更偏向于认为石磨盘棒与古人加工坚果有关。

在山东境内已发现近千处新石器时代遗址，且文化范围还波及周围江苏、安徽北部、河南东部等地。东夷的先民曾在这里创造了高度发达的史前文明，自新石器时代开始到西周中期结束，文化发展一脉相承，是一个相对独立的文化体系。新石器时代考古学文化最早可追溯至扁扁洞遗址，其后历经后李文化、北辛文化、大汶口文化，至龙山文化达到繁荣的顶峰，随后的岳石文化进入早期青铜时代，与中原文明的接触开始加强。至此考古界就基本构建扁扁洞遗址—后李文化—北辛文化—大汶口文化—龙山文化—岳石文化，从公元前8000年到前1400年的史前至青铜时代初期文化发展序列。经人类学家鉴定，不同文化面貌下的主体居民一直是蒙古大人种的海岱土著居民。海岱文化区也因此成为文化发展脉络最清晰、文化谱系最完整、基本文化面貌最稳定的区域。据碳14的测定，其绝对年代大体如下：

扁扁洞遗址：距今约9 800—9 500年左右

后李文化：距今约8 400—7 700年左右

北辛文化：距今约7 300—6 100年左右

大汶口文化：距今约6 100—4 600年左右

龙山文化：距今约4 600—4 000年左右

岳石文化：距今约4 000—3 600年左右

这一切均表明海岱地区是中华文明的重要发祥地之一，对其深入的研究是中华文明探源工程的重大课题。

第六章

≋

大放异彩的城子崖遗址

地层好似一个城市的年轮，每一座城都有它的前世今生。一砖一瓦的垒砌孕育了它的骨肉，先民们的智慧和汗水更一次次赋予了它新生。一座城从诞生的那一刻起，先民们生于斯、长于斯、居于斯、死于斯，从而将自己的命运镌刻进这座城市的年轮之中。层层的尘土堆积，将过往的时代掩埋在地底。自城子崖发掘后至20世纪70年代近半个世纪里，发掘了很多龙山文化及同时期的遗址，但再未发现城址，于是谨慎的考古学者开始怀疑城子崖黑陶文化期并不是龙山文化城。且随着20世纪80年代初岳石文化的发现，有些学者注意到在《城子崖》早年的发掘报告中有些遗物可能属于岳石文化，更有学者据此提出城子崖龙山城是否有可能是座岳石文化城的疑问。至此，沉寂了近一个甲子的城子崖再度走进了人们的视野……

一、凄风苦雨考古人

1931年城子崖遗址结束发掘后，梁思永又率队重返河南安阳。在以后的数次殷墟发掘中，他们于殷墟西部的同乐寨又发现了纯粹的黑陶文化遗址，这一发现再次证实了仰韶文化—龙山文化—商（小屯）文化三叠层按存在时间先后划分的科学依据，从而成功地构筑了中国古文明发展史的基本框架，使中国考古学与古史研究有了划时代的飞跃，梁思永先生也因为此发现奠定了中国考古学一代大师的地位。自此，考古学和历史学犹如车之两轮、鸟之双翼，中国考古学从最初发展的时刻起即与历史科学连在一起，中国文献史学携手考古学前行，是中国历史学发展自然而又必然的发展趋势。这条道路一旦开始，就未有休止。

在殷墟发掘井然有序的同时，史语所考古同仁也在周边展开了多处史前文化遗址的调查与发掘。诸如：1932年春，吴金鼎、郭宝钧、王湘等在河南安阳侯家庄、浚县辛村、大赉店进行考古发掘，发现多处仰韶文化、龙山文化及殷商文化遗存；1933年10月，董作宾、祁延霈以及山东大学教授刘咸等人在山东滕县安上村西小河崖进行发掘，发现一处龙山文化遗址及大量遗物。

正当这群热血青年摩拳擦掌准备大展宏图时，1937年"七七"卢沟桥事变爆发，很快平津沦陷、华北告急，中华民族进入了危难之际。鉴于清末英法联军火烧圆明园的惨痛先例，考虑到北平故宫等机构保藏的文物有在战火中被焚毁或被抢劫的可能，一些有识之士提出了文物南迁的意见。随着日寇铁蹄步步逼近，为保存民族之文化命脉，中央研究院各研究所与平津两地高校也开始向西南地区的"大后方"转移。在炮火硝烟中，一批又一批满载着国宝的轮船悄然离开码头，趁着夜色踏上了未知之旅。

随着沦陷区大批机关单位人员、知识分子、工人、难民、乞丐等各色人像潮水一样涌入，长沙这座昔日的山水洲城早已人满为患、混乱不堪。中央研究院几个研究所和长沙临时大学，于圣经学院陆续安顿下来。当时全所上下约七八十人，多人在逃难的途中身染恶疾。由于住房紧张，两三家人合住一间房子实属常态。国难当头，民族危急时流亡到长沙这群知识分子从内心深处生发出一种悲愤交织的情感，这种情感又迅速铸成哀兵必胜、置之死地而后生的坚强信念，一种与国家民族同生死共患难的英雄主义气概，于这个群体中迅速弥漫、升腾开来。

1937年11月12日，上海失陷。日军一面围攻南京，一面派飞机沿江对西部城市展开远程轰炸，长沙自然不能幸免。有一次敌机来投弹，一枚炸弹正巧落在李济与梁思永两家合住的院子里。苍天有眼，幸好只是枚哑弹，两家人死里逃生。持续的敌机轰炸，使得整个长沙城动荡不安，每日都面临家破人亡的威胁，根本无暇进行科研。面对危局，无论是刚组建不久的长沙临时大学还是中研院，都面临着迁徙流亡的历史性抉择。

梁思永以中研院长沙工作站委员会常务委员的身份，与史语所代所长李济共同召集所内主要人员开会，商量本所人员的去留问题。当时情景可从石璋如的回忆录中略知一二："为了此地同仁的安全，不能够留在长沙工作，要再搬家。搬家的地点目前虽然还未确定，只有一个先决原则：同仁的家庭没有沦陷的话，就先回家；家庭沦陷的话，可以跟着所走，只是地点未定；若不想跟着所走，也可以自便。决定此一原则之后，就让各组自行商量。"史语所考古组经过协商，在"十大金刚"中，除一个尹焕章原本留在开封外，有"五大金刚"（李景聃、石璋如、刘燿、祁延霈、王湘）要走，只有四个（李光宇、胡厚宣、高去寻、潘悫）留下，其中刘燿、祁延霈、王湘像彼时很多热血青年一样，都选择了投笔从戎奔赴圣地延安。去留商定后，每个人心中都蒙上了一层难以言表的悲怆之情。

会后，史语所三组人员到长沙一个名叫"清溪阁"的小店里一聚。彼时店主肯定没料到，后来清溪阁享誉天下，并不只因其饭食佳肴引人垂涎，更与此次考古组同仁前来聚会相关。正是有了这一非同寻常的聚会，清溪阁才有幸在中国文化史的长河中留下了印痕。这个晚上参加聚会的人员，除李济、董作宾、梁思永和"九大金刚"外，还有几位技工。在这个寒风凄切、细雨连绵的晚上，悲怆迷茫顿时袭上众人的心头。众人端着酒杯齐呼"中国万岁！"后一饮而尽，端起第二杯酒呼"中央研究院万岁！"再一饮而尽，端起第三杯酒再呼"史语所万岁！"又一饮而尽。接下来，第四杯喊"考古组万岁！"第五杯是"殷墟发掘团万岁！"第六杯喊"山东古迹研究会万岁！"第七杯是"河南古迹研究会万岁！"第八杯是"李（济）先生健康！"第九杯是"董（作宾）先生健康！"第十杯是"梁（思永）先生健康！"第十一杯是"十大金刚健康！"如此酣畅淋漓的觥筹交错之后，王湘、祁延霈、刘燿、石璋如等先后"扑通"倒下，史语所这次聚会就在这样一种悲怆凄凉的氛围下结束了。

次日，诸人纷纷收拾行李彼此含泪作别，此后散落天涯，多人再无重逢。而留下来的史语所成员，再一次卷入了逃命的汹涌人流：一路人经粤汉路到广州，取道香港乘船到越南海防，再由滇越铁路到昆明；一路人靠步行，由湘西经贵州去云南。1940年7月，为彻底切断中国仅存的一条国际通道，日本军队直接出兵强占了法属印度支那的越南，随后日机轰炸昆明更加频繁。整日处在炮火中的史语所同仁，连同相关的中央博物院筹备处、中国营造学社等学术机构，与驻昆的同济大学一道，又开始了一次大规模的迁徙，而此次的目标则是一个"在地图上也找不到的地方"——四川南溪李庄。

在此之前，鉴于吴金鼎先生在考古学尤其是城子崖发掘上的卓越表现，

1935年春季，殷墟第十一次发掘团领队梁思永暨全团工作人员欢迎李济视察侯家庄西北冈发掘工地的合影
（从左至右为：王湘、胡厚宣、李光宇、祁延霈、刘燿、梁思永、李济、尹焕章、夏鼐、石璋如）

山东省政府专门拿出奖学金，于1933年7月派他偕夫人王介忱入英国伦敦大学师从叶兹（Professor W.Perceval Yetts）教授攻读人类考古学博士。同年冬，吴金鼎又跟随英国埃及考古学泰斗彼特里（Professor F.W.Petrie）教授赴中东地区巴基斯坦做发掘工作。后来赴英留学的夏鼐先生回忆道："我经过耶路撒冷城晋谒彼特里教授谈起吴先生时，这位八十七岁高龄的老教授还掀着银须说：'吴先生确是一位田野工作的好手。虽不勇锐机警，但沉着勤奋，工作罕匹。'在巴勒斯坦碰到几个跟吴先生做过工的阿拉伯工人，提到吴先生，都跷起大拇指说他'夸依思'（Kwaiyis，即'顶好'意）。吴先生也常以幽默的语调，叙说他在巴基斯坦跟从教授工作的经验。"

留英4年，吴金鼎撰写的博士论文《中国史前的陶器》（Prehistoric Pottery in China，Kegan Paul，London，1938）获伦敦大学出版基金资助并得以顺利以英文在伦敦出版，由此成为中国学者研究中国史前各地区陶器的先河之作。为撰写此书，吴先生不仅翻遍了相关的研究书籍，亲身观摩了几万片已出土的陶片实物，而且还特地在伦敦中央高等工业学校学习制陶。现在的考古学家陈星灿曾做过中肯的评价："应该肯定吴金鼎已经正确地根据陶器的比较（主要在制作技术方面）把仰韶村的文化遗存划分为两个时期，这比梁思永漫然地称之为混合文化已经进了一步。"

1937年冬，"海归"吴金鼎博士偕夫人王介忱女士漂洋渡海地回到了生养他的故土，此时适逢中华大地硝烟弥漫、血流涌动的苦难之秋。回国之后吴先生并没有再去中研院史语所考古组，而是投奔了以李济先生为主任的国立中央博物院筹备处。处在极端困难时期的考古同仁在李济先生的领导下，一直从事着力所能及的工作。1938—1940年，吴金鼎及夫人王介忱与曾国藩的大弟曾国潢的长曾孙女曾昭燏等深入云南大境内做发掘，发现了32处遗址，主持发掘了5处，并著有《云南苍洱境考古报告》一书，奠定了我国西南地区史前考古的基础。1941—1943年间，吴金鼎主持了四川彭山汉崖墓、成都抚琴台前蜀王建墓的发掘，对汉代和五代十国时期的考古做出了开创性的贡献。1944年，他又投笔从戎，加入国民政府军事委员会，为在华对日作战的盟军做翻译和后勤工作。抗战胜利后，吴金鼎回到母校齐鲁大学任职，历任齐鲁大学训导长、文学院院长、国学研究所主任、图书馆主任等职。正当为母校的复建大展经纶时，无情的病魔夺走了他年仅47岁的生命，这一天是1948年9月18日。

1949年，傅斯年、李济、董作宾等先生来到台湾。傅斯年先生继续任史语所所长，并兼任台湾大学校长。1950年12月20日，傅斯年先生突患脑出血逝世，享年55岁。李济先生任台湾大学教授，创办台大考古人类学系，培养了大批杰出的考古学者，诸如张光直、李光周、许倬云。1979年8月1日，李济先生在台北病逝，终年84岁。作为"甲骨四堂"之一的董作宾先后兼任台湾大学、香港大学、崇基书院、新亚书院和珠海书院等处研究员、教授。1963年11月23日，董作宾在台北逝世，享年68岁。

中华人民共和国成立之后，梁思永、郭宝钧、王湘等先生选择留在大陆。梁思永先生抱病出任中国社科院考古所副所长，后因病情恶化，于1954年4月2

日在北京逝世，年仅50岁；郭宝钧先生继续任职中国社科院考古所，后兼任北京大学、中国历史博物院教授、研究员，1964年当选为中国人民政治协商会议全国委员会委员，1971年11月1日在北京逝世，享年78岁。而当年选择投奔延安圣地的三兄弟，祁延霈因战争的摧残英年早逝，年仅29岁；化名尹达的刘燿在北平解放初曾兼北平军事管制委员会文化接管委员会文物部部长，后任考古所所长、历史所副所长，1983年7月1日在北京逝世，享年77岁；而当年"十大金刚"中年龄最小的一位王湘解放初期在中南区重工业部工作，后调在北京国家科学技术委员会（1998年改名为科学技术部）工作，直到离休，2010年在京病逝，享年98岁，此为当年城子崖发掘者中最高寿者。至此，城子崖最初的发掘者均已离世。

二、意犹未尽的普探

时光穿梭至20世纪80年代，彼时的考古学界正如当时处在改革开放初期的整个社会一样，大家纷纷将目光投向了国外。随着国门的打开，各种理论方法也蜂拥而至。1991年由中国历史博物馆考古部主编的《当代国外考古学理论与方法》一书，将当时国际上主要的考古思潮逐一进行了介绍。随后美国哈佛大学人类学系的张光直教授访问北京大学，并在北大进行了系列演讲。在演讲中，张先生不仅介绍了自己的研究成果，而且也将国外在文明起源、聚落考古等方面研究理念引入中国。此番系列演讲后结集出版，取名为《考古学专题六讲》。此书至今仍是畅销之作，影响了一代代的考古人。

这一时期随着中外考古交流的频繁，国内学者的视野也得到了极大的开阔，一些学者开始试图运用这些理论方法来解决自己的问题。此时的中国学者已拥有多年丰富的田野实践，对传统考古工作也有了自己的反思与批判，然而受到条件限制，难以通过合作吸收外来经验，于是他们努力走出一条中国化的研究道路，探索自己的聚落考古理论方法，进而阐发中国文明起源的路径和特点，对城子崖的再次发掘就是这种理念在山东的实践。

　　城子崖作为山东境内最早发现的史前城址，平面呈长方形，南北长450米，东西宽390米，总面积为17.55万平方米，由板筑夯打而成，时代定为龙山文化时期。这一发现在学界曾轰动一时。相当长的时间里"城子崖龙山文化古城"说几成定论。实则，一直有学者对此心存疑义，刘敦愿先生早在1958年就指出：城子崖城址的年代"于今没有定说，1930年第一次发掘时认为属上文化层（周代）；1931年再掘时，又断为下文化层（龙山文化）。其证据是：城址建于龙山文化层之上，其中包含龙山陶片；最主要的根据是成层的龙山文化的垃圾掩盖着城基。1953年听王献唐先生说，吴金鼎先生后来又认为错了，但也未再更正；尹达先生的《中国新石器时代》属下文化层；安志敏同志则认为'城子崖的夯土墙可能是东周时期的建筑，和龙山文化无关'。我遇见一些考古学家，请教此事，他们对此也采取很慎重的态度。既然是田野发掘产生的问题，更应在田野进行复查，检验其正确与否，纸上的讨论自然是无法肯定的。"1980年春，山东省博物馆原馆长任迪先生曾提议举办城子崖发掘50周年纪念活动，但当时负责考古部工作的张学海先生正忙着修改《曲阜鲁国故城》书稿，因时间匆促，来不及筹备。

　　时光飞至9年后的1989年，城子崖即将迎来发掘60周年，将满一甲子，这时张学海先生已任山东省文物考古研究所所长多年。他深感有责任在我们民族传统上的吉祥日期召开一次学术讨论会，以纪念城子崖发掘和龙山文化发现60周年，总结龙山文化的研究成果，促进研究的深入发展，而其中最关键的筹备工作就是要解决城子崖黑陶文化城的年代和是否存在岳石文化遗存两大悬案。

　　城子崖遗址是国务院1961年公布的第一批全国重点文物保护单位之一，按照国家文物主管部门的相关规定，为了加强对重要文化遗址的保护，国家级重点文物保护单位必须具备"四有"（有保护标则、有保护单位或责任人、有保护范围及有完备的档案资料），这是完善大遗址保护管理工作的一项重大措施。而彼时的城子崖尚未具备"四有"，于是山东省文物考古研究所以此为契机报请国家文物局批准，对城子崖遗址进行四有勘探试掘。国家文物局很快就批准了试掘报告，并下拨了专项经费，且对试掘提出了具体要求：通过钻探与试掘，建立"四有"档案，加强对遗址的保护，同时，为举行城子崖发掘60周年纪念活动做好筹备工作。

1989年6—7月间，罗勋章带领一支钻探小分队对城子崖遗址进行了方格网式普探。关于所谓的方格网式普探，还有一段学林逸事。人类学家李亦园在毕业之际去见恩师李济，请求临别赠言，当时李济问了他一个问题："假如一个网球掉在一大片深草堆里，而你又不知球掉进去的方向，你要怎样找球？"他说："只有从草地的一边开始，按部就班地来往搜索。绝不跳跃，也不取巧地找到草地的另一边，才是最有把握而不走冤枉路的方法，做学问也如找网球一样。只有这样不取巧、不信运气地去做一些也许被认为是笨功夫的工作，才会有真正成功的时候。"由此可见，所谓的方格网式普探就是在田野发掘中坚持脚踏实地、绝不投机取巧的精神，即对每个遗址先做点的探讨，次做线的观察，再做面的揭开，最后做体的发掘。

夏季作业并非考古发掘的最佳选择，一来天气炎热，耗能太大；二来夏季多雨，不便发掘；三来此时正值农作物生长，发掘会给农户带来不必要的损失。然而1989年6月的龙山镇正处农闲时节，夏麦刚刚收割，天地间一片空旷，考古队员们在遗址西北断垣上保护标志座基的一角引出永久性的基点，把遗址划分了数十个100米×100米的正方向探区，按10米等距布置探孔，然后按照网格划定的区域，逐个探方向下挖掘。

只见整个遗址被白线探方划分的宛如棋盘，考古队员在酷暑难耐、蚊虫肆虐、大雨瓢泼的夏季辛苦普探1个月有余。原先农民种卜的玉米此时已长成1米多高，形成了道道绿色屏障，使得继续普探几乎不可能实现。此次普探得知城子崖遗址下层普遍存在龙山文化堆积，中部约有1万平方米的淤积土，原来可能是池塘或者经常积水，龙山文化堆积的范围明确，和遗址周围的断崖基本一致，面积约20万平方米。这一结果除印证了20世纪30年代发掘的城子崖遗址的大致范围外，并没有提供更多的重要信息，更谈不上完成任何预期的目的。此次普探结果多少有些不尽如人意，但联想到以往鲁故城、薛故城等大遗址的探掘经验，大家还是努力鼓舞自己。初步的钻探又未经必要的试掘，并不能得出准确结论。因为是雨季作业，且钻探后期玉米已长成1米多高，考古队不便再进行复探和试掘，该年冬也因有其他任务而未能成行。

三、得其所哉的复探与试掘

1990年3月，经过前期认真充分的准备工作，城子崖遗址又迎来了新一批的考古人。与60年前迥异的是，彼时的城子崖一如祖国母亲一样正饱受烽火连天的兵燹蹂躏，而60年后的城子崖正沐浴着改革开放的春风急速前行。此时正值初春，大地生机盎然，一支以山东省考古研究院人员为核心的考古大军信心满满开赴龙山镇。主要人员如下：张学海、佟佩华、魏成敏、何德亮、王守功、靳桂云、李曰训等，此外，还有聊城、东营、临沂等各地文物人员也参与其中，如孙怀生、王建国、曹之启、李学训等。此次发掘不仅结合了田野考古技能的培训，而且让更多年轻的考古人员了解了大遗址四有探掘的价值与意义。

3月16日，复探工作正式启动。此次复探充分吸取了上次普探的经验，并拟定了初步的规划：先在遗址的四个方向选两三个关键部位进行钻探，以初步确定龙山文化遗址周沿有无沟壕、夯土墙之类遗迹，同时查明上层周代城址城垣的走势，并沿城垣内侧搜寻城门位置所在。若无果，即向城内延伸钻探，以寻找城内主要交通干道遗迹，再循交通干道寻找城门的所在。

孰料开始复探的当天上午，就在遗址西坡根距地表约4米处发现一段"夯土基槽"，夯土遗迹向南北延伸，它的位置和深度说明很有可能是早于周代城垣的夯土城墙，即《城子崖》报道中提及的黑陶文化城。发现夯土遗迹的过程如此顺利大大地超乎了人们的意料，也极大地鼓舞了大家的干劲。张学海所长随即改变了原先复探部署，命令大家暂停其他部位的钻探，转而集中全力追踪夯土遗迹，以寻找周围的下层城基。经过3天多的全力跟踪，3月19日大家终于如愿以偿，夯土遗迹果然在遗址周围，遗迹深埋于地表以下约2.5—5米，位置和遗址周围的断崖基本相符，仅东北面因地表是缓坡，没有断崖，地面无清楚的界限。整体走势近长方形，东、南、西三面的边缘较直，北面弯曲，中间向北呈弧形突出，四角弧拐，以夯土遗迹外沿计算，东西宽430米，南北长530米，面积约20万平方米，龙山文化堆积全在其内，很显然这是城子崖遗址下层的城基。

这本是发掘之初的众人所盼，但发现得如此神速，还是出人意表。特别令人惊叹的是，此次发现的龙山文化时期的城墙遗迹，面积不仅超出了20世纪30年代梁先生在此发现的龙山文化城的面积，而且也远远超出了当时已公布数座龙山时代的城，如王城岗、平粮台、边线王等。面对此景，发掘者们不禁心生疑窦：龙山文化时期是否已有如此大的城？它会不会是座晚于龙山文化时期的城？可转念一想，即使是岳石文化城也是全国第一座夏代城，仍具有重大的学术价值。

据当时的领队张学海先生介绍：在这样一种心态的驱使下，考古队员们投入了新一轮的试掘。先在西北角的公路两侧开了3条探沟，对城垣进行解剖，以了解其层位、年代和性质。试掘开始后的第10天，首先在东南角山城村西的路的路坎上发现龙山文化层叠压夯土城基的层位关系，这一发现使得城基属龙山时期的可能性大增。试掘进行至第15天，西北角北面的第382号探沟接近尾声。此探沟南北向，开在保护标志处断垣的北面，探沟南端差不多靠着断垣北面，主要是想了解城基外侧的地层堆积。在探沟底部发现了龙山文化城垣的外壁，探沟正好卡住城在城基北面第一、二段之间的城拐角，拐角弧形，其外应是城壕淤土，乌黑细腻。在龙山文化城垣上压着岳石文化城垣，其上又为周代城垣所压。西北角南面的探沟开在西城基北关旧路沟的南侧，沿断崖下挖，此探沟也有龙山、岳石和周代城基或残垣。龙山城基在探沟西部地面以下，其东面是岳石文化早期的城垣基槽，城体已不存；再东是岳石文化晚期的城体，保存相当好，其内壁底部板筑时的板痕清晰如新。周代城垣只存基槽，高高地贴在岳石晚期城体的东北壁，其槽残口基本上在耕土下，基槽底下距最早的龙山文化地面达3米多。岳石晚期城体以东自上而下有东周、岳石文化和龙山文化堆积，前两种堆积很丰富，有十分规整的长方形东周窖穴、道路，有岳石文化房地、大窖穴；龙山文化堆积较薄，受到岳石文化和东周时期的破坏。后来又在城圈北面的中段、东段，东面南端，南面西段的探沟，都发现了龙山文化、岳石文化、周代城垣互相叠压的地层现象。至此，众人恍然大悟：原来复探探出的下层城垣遗迹并不是一座城，而是分属龙山文化、岳石文化两座城，城子崖遗址是三个历史时期的城址，三者形制一致，城垣互相叠压。

张学海先生认为龙山文化的居民首先在这里筑了城，最初的修筑采用了堆筑方法，也就是边堆边夯实的方法，所以夯土层都是小片小片交错叠压的，同一片夯土层和不同的夯土层厚薄不匀，很不规整，夯土层都是倾斜的。但也结合采用了板筑法，板筑夯土层每层的面积大得多，是一层层平整相压的。一般在外侧取土，取土沟就成为城壕，城壕内壁和城垣外壁成一整体，加高了城垣外壁的高度。城壕后多用于注水，类似于后世的护城河，城壕加城墙构筑了双重安保，其形制类似于后世的紫禁城。只不过城子崖龙山城是一种台城，即台形的城，城内地平面高于城外。外观，城垣高耸；内看，如土岭围绕周围，城垣内侧矮而呈缓坡形，随处可以上城顶。只有南北两门，东西两面可能因临时的缘故未曾设门。因为是台城，内高外低，所以城门门道不在城垣缺口外，而在缺口外方筑了缓坡形门道。南门门道西沿发现墙和房址，可能是门卫房。这在全国是首次认识这种史前台城，对后来确定龙山时代的城产生了重要影响，知道这种史前台城在山东、江浙地区相当普遍，构成我国东部地区龙山时代城的主要类型。

城子崖岳石文化城是在龙山城的基础上修筑的，大多是贴龙山城垣内侧修筑，后又贴先筑的岳石文化城垣的内侧修筑，城内面积因而相应缩小，约17万平方米。城垣都有基槽，全采用原始板筑，使用成把的小根夯筑，留下了密密麻麻的小夯窝。城子崖已揭露的岳石文化堆积都是直接压在龙山文化之上的，中间没有隔断，推测岳石文化城是直接承袭龙山文化城的。

至于周代城，张学海先生纠正道："城子崖周代城，即《城子崖》报道的灰陶文化期城，确切地说基本上是春秋城，不是商周城。尽管此城的修筑是在岳石文化城废弃以后很久，但城垣仍在岳石文化城垣的基础上修筑。春秋城的地面高于现今遗址地表，地面城垣已基本不存，地下墙基也很不完整。春秋战国之交，此城似已废弃，战国时期平陵城在其东不远兴起。目前还不知城子崖春秋城和平陵城是否前后相接。"

当发现城子崖遗址下层是座龙山文化城时，大家不由自主地就想到这是否就是20世纪30年代初发现的黑陶文化期城？对照《城子崖》一书，张学海先生得出了否定的答案，理由如下：其一，龙山城的城墙都深埋在遗址断崖外，当时的探沟都布置在遗址断崖以内的台面上，并没有碰上龙山城城墙；其二，书中报道的黑陶文化城是板筑的，他们查出的龙山文化城主要是用堆积法筑成的，夯筑技术比较原始，而岳石文化城是板筑的，两者城垣的夯土结构迥然有别，因此判断当时发现的黑陶文化期城是岳石文化城。据此，张先生推测20世纪30年代梁思永先生发现的可能是岳石文化的城址。

对这一重大的新发现，发掘者虽然感到兴奋惊喜，但是多少还有些忐忑不安。为了谨慎起见，更为了取得确凿的证据，张学海先生决定找到1931年发掘的《城子崖》报告里发表的有剖面的C4，对其进行重新挖出以便进行校核。

20世纪90年代城子崖发掘现场

四、仁智互见的三个城圈

C4探沟在当年《城子崖》的发掘报告中有详细的标识，但毕竟事隔一甲子，找到此时已被庄稼覆盖的C4探沟还是费了一番周折。发掘者先从南断崖的断面找，心想发掘过去60年了，断崖可能北移了，从断崖断面上应很容易找到此探沟。孰料，此处断崖位置并无大变动，C4探沟本来就没有开到断崖边，所以不可能从断崖断面上找到它，最后还是通过钻探找到了当年的C4探沟。

此沟南北向，离城北西南角不远，南部深6米、宽0.8米，北部挖了4.2米深，南壁略有倾斜，清晰可见当年民工上下探沟时留下的脚窝。探沟壁没有刮光，壁上密布发掘时留下的工具痕，探沟南部确有板筑黄土城墙遗迹，与发掘报告所载完全吻合。此外，在C4探沟南侧半米处，还发现一条长约2米的小探沟，其下全是板筑遗迹。此次重掘，清楚可见旁开的小探沟距南断崖尚有数米，而此处的地下的龙山城墙在断崖之处，C4探沟确实未曾碰到。据此可知，20世纪30年代发现的黑陶文化期城确是岳石文化城，而非龙山文化城。

鉴于C4探沟既窄又深，且沟内光线昏暗，四壁又没有刮光，仅凭肉眼很难看清地层的堆积、城墙的准确层位。此时最便捷的方法莫过于继续开挖扩大此坑的宽度，以便直接刮光四壁观察地层。但考虑到此探沟作为中国第一代考古学者在此工作留下的珍贵资料，其本身就具有不可估量的文物价值，不可轻易对其进行扩充，于是张学海先生决定在C4探沟西侧约1.5米处新开一条长约50米的大探沟。

此沟横跨城墙内外，张学海先生他们在发掘中保留了探坑中部的城墙，对城墙南北两侧的文化堆积进行了发掘。发掘显示，此坑北侧与C4探坑相对应的文化堆积共分三期14层。3—6层属东周时期，7—11层属岳石文化时期，12—14层属龙山文化时期。南部板筑黄土城墙清晰如新，此城墙有一段挖掉了岳石文化和龙山文化的堆积，城墙又被更晚的岳石文化层所压，后者实际上是该城墙筑成以后的堆积，证明这是岳石文化晚期的城墙，也就是《城子崖》发

表的所谓黑陶文化期
的城址。因为该城墙
下面还有1米多厚的龙
山文化堆积，所以当
年的发掘者提出，龙
山文化时期的人们在
这里居住了很长时间
之后才筑城，实际上
并非如此。该城墙的
南面是岳石文化中期

城子崖城墙内侧剖面图（从下至上依次为龙山文化、岳石文化、东周时代城墙）

的城墙，岳石中期城墙下面压着龙山晚期城墙，龙山晚期城墙南面残存着龙山
早期城墙，再向南是岳石早期城墙。龙山早期城墙南部和岳石早期城墙都已处
在现遗址断崖之外，此处周代城墙只在岳石早期城墙之上有所残留，整个墙身
基本上已经不存。

至此，三个时期城墙的层位关系清晰可见，发掘者们如愿以偿地获得了确
凿的地层依据，悬着的心终于放了下来。城子崖第一次发掘的60年后，城子崖
考古再次以突破性的进展引起了世人关注，但并不能据此否定第一代考古学家
的开创奠基之功。同时，张学海先生还对当年之所以没有发现龙山文化城的原
因进行了推测：其一，C4探沟一带的文化堆积相当复杂，岳石文化和龙山文
化相交接的文化层以及城墙基槽内的夯土都是黑灰层，即便今天具有丰富田野
工作经验的人，也不是轻而易举地就能把层位划分准确，因此《城子崖》C4
探沟东剖面图不准确也无可非议，这毕竟仅是开始划分地层并绘制地层图；其
二，把岳石文化从山东龙山文化中分离出来而成为独立的考古文化，仅是20世
纪70年代末80年代初的成果，而龙山文化在这次发掘中才发现，即使当时把地
层划分清楚，也不可能把两者分开，这是常识。

此次发掘共发现了龙山、岳石、周代三个时期的城墙，城子崖也因此获得
了双料的"全国考古十大新发现"（1990年）及国家文物局颁发的"首届田野

考古二等奖"（一等奖空缺，1994年）的殊荣，这在整个考古界也实为罕见。为了更好地挖掘城子崖遗址的价值及缅怀第一代考古学人的功绩，1991年10月"纪念城子崖遗址发掘六十周年国际学术讨论会"在济南隆重召开，海内外的考古学家70余人欢聚一堂，各位专家围绕城子崖考古新成果、龙山时代和中国文明起源等问题各抒己见、相互切磋，实乃考古学界的一场盛会，但有关此次发现的质疑声也一直不绝于耳。

城子崖的此次发掘工作，从1989年的2个月的普探开始至1992年基本结束，前后持续约4年。自20世纪90年代以来，由于有关城子崖发现的报道和文章前后说法不一，疑点甚多，考古界对此提出过不少异议，一位考古学家就曾言"提出的问题，比解决的问题多得多"。已故王恩田先生更是不止一次地著文发出不同的声音，其质疑可概述为如下几方面：

（一）前后不一的报道。《大众日报》1990年6月24日报道：城子崖"这次发现的古城遗址共分龙山文化、夏代、周代三大城圈"，"早期城圈属龙山文化时期，城内东西宽430余米，南北最长处530余米，面积约20万平方米"，"中期城圈属于夏代。……城内面积约17万平方米"，"晚期城圈属于周代"。在"山东十年考古成就展览（1980—1990）"上展出了城子崖"新发现"的这三个面积大小不同、相套而不重叠的平面图。1个月后《中国文物报》1990年7月26日做了内容与《大众日报》基本相同的报道，只是把"三个城圈"改称为"由龙山文化城址、岳石文化城址和周代城址三城重叠的"一个城圈了。1年以后，1991年10月在济南举行的"纪念城子崖遗址发掘六十周年国际学术讨论会"上，城子崖新发现的是"两个城圈，三个时期的堆积"。时隔不久，在"山东省文物工作座谈会"上，又改为"一个城圈，三个时期的堆积"。如此一来，有关城子崖的"新发现"，1年多的时间内相关介绍就变了4次。

（二）城址发掘经验表明：城墙大都经过不同时代不同时期的修补，但没有发现过因改朝换代而废弃旧城墙而在其内侧或外侧修建新城圈的先例。即使是民居的院墙坍塌毁坏，也都是修修补补而不会另建新墙，更何况生产力尚不发达的古代，有什么必要和可能如此频繁地增建新城圈？

（三）1990年所公布的新发现的龙山文化城的数据是"东西宽430米，南北最长530米"，面积约为22.79万平方米。而1993年所公布的数据则是"东西宽455米，南北最长540米，面积约为24.57万平方米"。两相比较差1万多平方米；如果岳石文化城的面积没有变动，与新发现的龙山文化城的面积相比较则相差7万多平方米。这样两个面积悬殊的城址，怎么可能"重叠"在一起呢？

（四）按照一般规律，史前先民的选址多在高地或平地上筑城，而新发现的龙山城却位于城子崖的断崖以下，"深2.5—5米"，"埋得很深"，"有的部位则在壕沟淤土上夯筑起来"。是什么原因迫使城子崖龙山文化城的先民们不得不打破常规，一定要在远离高地的"壕沟"去筑城呢？壕沟本身就具有防御功能，为什么要叠床架屋地在壕沟内修建城墙？如此无效的劳动与常理不合。

（五）20世纪30年代城子崖的发掘证明，城址的范围与断崖是一致的，"城墙以外，出物极少，种类极简单，可见此墙即黑陶文化之界限"。1989年在这里进行了2个月的钻探，证明龙山文化堆积的"范围与遗址四周的断崖基本上一致"，证实了60年前的结论是正确的，但《幽梦》认为"普探结果令人颇为失望"。当1990年3月钻探发现了面积20万平方米的龙山文化城的"夯土基槽"以后，又说"龙山文化堆积都在'基槽'内"，也就是说龙山文化堆积的分布范围突然扩大到断崖以外，不仅否定了60年前的发掘结论，而且也否定了1989年2个月的普探结果。

尽管如此，王先生仍认为1989年的普探和1990年的发掘仍然是功绩显著的。1989年普探证明遗址范围均在断崖以上，与当年梁先生确定的范围相吻合。而1990年的贡献在于城子崖东北角的发掘证明1931年论定的龙山城不仅在内侧用黄板筑土进行修补，而且也在外侧用黄板筑土修筑，连同灰板筑土的始建部分在内总宽度在40米以上。当年梁先生在西南城角的"解剖"之所以没能发现外侧的修补是由于这部分城墙已被后来破坏掉了。

城子崖这颗璀璨的中华古文明之星，在中华文明绵延发展过程中，发挥了承前启后的关键作用，对于探寻中华文明的根与魂具有无比重要的价值和意义。相关的讨论只会一次次启迪我们的智慧，或许我们永远也不可能了解历史的真相，但仍然怀着敬畏最大限度地离真相近一点。

五、考古圣地结硕果

在介绍城子崖遗址近些年的最新成果之前，我想再给读者们补充一次"无心插柳"的发现，也正是这次无意之举，使章丘地区的古文化发展序列可以完整地上溯至万年前。话说1991年，城子崖遗址正在如火如荼地进行发掘。清晨同志们都有早起散步的习惯。一日广饶县博物馆王建国同志散步时转到了位于龙山镇（现为龙山街道办事处）西北的砖厂，出于职业的习惯他下意识地从砖厂的取土场断壁上取回一些陶片。这些陶片多为夹砂陶，器形粗糙、古拙，通体呈红褐色，当时人由于对这种文化不了解而将此地定为龙山西北商周遗址。随后不久，在距此不远的刁镇茄庄砖厂，章丘市博物馆员发现了比该遗址更大、内涵更丰富、年代更古老的小荆山遗址，后组织相关人员对其进行了多次发掘，至此将这一时期的文化特征清晰地展现在世人面前，并正式提出了"西河文化"这一新的考古学文化名称。

据北大考古系碳14实验室测定报告显示，西河文化的最早年代可达距今近万年前，其下限年代距今约7 500年左右，整个文化发展历程约经历了2 000年之久。西河遗址是后李文化的典型遗址之一，这无疑是七八千年前华夏大地上"满天星斗"的古族之一。此次发掘被评为1997年度全国考古十大新发现之一。迄今为止，章丘境内的"全国十大考古新发现"已达5处，分别是城子崖龙山与岳石文化遗址、西河遗址、洛庄汉墓陪葬坑和祭祀坑遗址、危山汉代墓葬与陪葬坑及陶窑、焦家遗址。一个区县级区域内有5处"全国考古十大新发现"，在国内也绝无仅有。

在时代上，章丘境内形成了后李文化的西河遗址、大汶口文化的焦家遗址、龙山岳石文化的城子崖遗址及汉代的东平陵故城遗址，除中间略有缺环外，基本上构成了一个从史前时期到两汉时期的基本完整的古代区域文化序列，是中国古代文明历经古族、古城、古国这一形成和发展历程的典型代表，构成了一部源远流长的古文明发展史。因此，城子崖遗址与周边遗址是研究海岱地区文明起源与早期发展的重要标本，具有极高的学术价值。

2002年，由科技部立项的"中华文明探源工程"正式启动。作为一项国家文化工程，它不同于传统的人文社科项目，除利用历史、考古等学科外，还集合了物理、化学、地理、计算机等几乎所有的自然科学。对文明起源的认识，也不再局限于文字、金属和城市，而是扩展至生业经济、礼乐制度等社会发展的各个领域。该项目先后选取了七大遗址作为研究的重点，以期全方位、多角度、多层次地研究中华文明的起源与早期发展的过程、背景、原因、特点与机制。在探源工程进入第三阶段之后，城子崖遗址被纳入工程中的相关课题，并持续至第四阶段；与城子崖遗址一同被列入"中华文明探源工程"的其他六处遗址分别为：可能与黄帝有关的河南灵宝西坡遗址、与传说中尧时代时空吻合的山西襄汾陶寺遗址、可能是禹都阳城的河南登封王城岗城址、可能是夏启之居的河南新密新砦遗址，还有考古学界公认的夏代中晚期都城河南偃师二里头遗址以及郑州大师姑遗址。

吴金鼎先生当年在《龙山黑陶文化之今天的观察》一文中，曾指出："龙山文化是代表中国史前历史的很有兴味的一页……龙山文化是以后中国考古学界的一大公案。"今日探源工程负责人之一的赵辉教授也特别强调了城子崖遗址在文明探源工程中的重要性，对此严文明先生亦深表赞同。2010年，山东省文物考古研究所组织力量对城子崖遗址核心区域100平方公里的范围进行了全覆盖式的调查。张学海先生过去曾怀疑遗址核心区域存在一定范围的遗址空白区，此次调查共计发现后李文化、大汶口文化、龙山文化、岳石文化、商、西周、东周、汉、唐宋等9个阶段遗址49处，与探源工程相关的大汶口遗址6处，龙山文化遗址11处，岳石文化遗址8处，商代遗址4处。此次调查可知：其一，城子崖遗址核心区域"空壳化"的论断不能成立；其二，从龙山文化到岳石文化阶段，城子崖所在区域聚落数量差别远小于桐林遗址、鲁东南沿海等地区，反映了本地区在这个转折时期虽经历了一些变动，但社会过渡体现了更强的平稳性；其三，从岳石文化到商代聚落数量变化幅度还是相当大的，可能反映本地区首次融入中原王朝体系的过程并不顺利，经历了相当程度上的震荡。总之，此次调查进一步明确了城子崖城址的规模、结构和文化堆积状态。

在尽量减少对遗址现状干扰的前提下，为了更好地了解遗址的内涵，2013年10月初至2015年3月，经国家文物局批准，山东省文物考古研究所与北京大学考古文博学院、龙山文化博物馆组成的考古队将城子崖遗址1930年纵中探沟进行了重新开挖。为保存这一学术史的珍贵印记，只对探沟东壁进行复刮观察，西壁不动并留下10厘米附土保护。为了贯通整个剖面，还将当时没有开挖的第22—27、40—41两段探沟也挖开，由于当时探沟南端并没有延伸到南城墙，所以将探沟又向北延伸了20米，从而获得了一条纵贯遗址中部长达470米的南北向大剖面。此次发掘还注重运用多学科的研究手段，进行了动物考古、植物考古学、环境考古包括土壤微形态、年代学取样等方法。以上工作不仅带

龙山文化博物馆（城子崖遗址博物馆）内景

龙山文化博物馆（城子崖遗址博物馆）内景

来了翔实的数据，多学科的运用更使世人了解先民的日常生活成为可能。

此外，在探沟北端考古人员还发现一段龙山文化时期（距今4 600—4 000年）的城墙，惜保留较差，仅存残宽约4米、残高约1.3米，整体上自南向北倾斜，时代约龙山文化早期。在遗址南部也有惊人的发现，发现一处重要的岳石文化（公元前1900—前1600）夯筑建筑的基础部分，它的建筑质量非常高级，夯层质量较好。另外还发现一条包含较多沙粒的干道，行人踩踏痕迹非常明显，很可能曾是城中南北向的一条主干道。

"山东过去的考古工作中，无论是龙山文化还是岳石文化，一直缺乏对当时重要建筑迹象的发现，这次岳石文化夯筑台基的发现，有助于弥补这一缺憾，使我们对山东早期城址的性质有了一定的了解。"山东省文物考古研究院院长、当年城子崖遗址考古领队孙波先生介绍道。另外，还在遗址中部一片低洼地区发现了约1万平方米的淤土堆积，历经龙山文化—岳石文化—周代两三千年的漫长历史。在其北侧，同时存在有较多大型遗迹现象，其中一处周代的大型建筑遗址分布于城子崖遗址南部岳石文化堆积之上，由大小不一的卵石砌筑而成，通过局部揭露判断应是大型建筑的遗存，或为当时的祭祀中心及活动广场。

早在2017年考古人员就曾发现岳石文化晚期城址北门址的线索，但囿于时间及发掘面积所限当时并未进行发掘。2018年8—12月，山东省文物考古研究院继续扩大对岳石晚期城址北门址的揭露，旨在全面了解岳石晚期北门址整体轮廓及结构特征。通过对相关遗迹的分析，岳石晚期城址北门址位于城子崖遗址北部凸舌区域东北，形制轮廓基本清晰，布局较为规整，结构略显复杂，功能建筑较为齐全，令人惊喜的是中门呈现出"一门三道"的形制。尽管较后期城门略显原始，但应是此类城门结构的雏形，是目前发现最早"一门三道"城门遗迹。再结合两侧偏门形制布局特点分析，此门已具有一定的政治礼仪功

岳石文化晚期北门址

城子崖国家考古遗址公园

能，这也暗示着此时城内居民构成可能已经出现明显的等级化。

城子崖遗址自2013年来已持续发掘多年，一次次的新发现总是不断地给世人带来惊喜。文明探源专家组首席专家、总课题的负责人、中国社会科学院考古研究所王巍先生及北京大学考古文博学院赵辉先生等国内外的考古同仁多次来到城子崖遗址考古发掘现场，对城子崖遗址的考古新发现给予了肯定，认为城子崖在中华文明探源工程中的重要性是其他遗址所不能替代的。城子崖龙山文化遗址2001年成功入选由中国社会科学院文物考古研究所组织评选出的"20世纪中国100项考古大发现"，2013年列入"十二五"期间全国重点保护的150处大遗址之一。2013年，城子崖被国家文物局列为第二批国家考古遗址公园立项项目。2015年8月24日，由国际历史学会主办，中国史学会、山东大学、济南市人民政府承办的"第22届国际历史科学大会章丘卫星会议"以"比较视野下的龙山文化与早期文明"为主题，在龙山文化的发现地章丘市胜利召开。来自世界各地及全国的60余名历史学家、考古学家齐聚章丘，从世界早期文明比较研究的角度，探讨龙山文化及发掘、保护及在考古史上的重要意义。2018年，城子崖遗址被财政部、国家文物局列为"十一五"期间全国重点保护的

100处大遗址之一。

时光如流，岁月如沙，自1928年吴金鼎先生发现城子崖遗址至今已90余年。经过几代考古学者的不懈努力，以城子崖遗址为代表的龙山文化面貌越来越清晰，所有的这一切发现足以告慰前辈学者的在天英灵。中国考古学从初创到成熟，从零星发现到自成体系，发掘条件更是发生了翻天覆地的变化，可以毫无疑义地说中国考古学是中华人民共和国成立以来在发展速度和进步幅度上最为显著的人文科学之一。如今的中国考古学已是硕果累累，一代代的考古人积极回应具有重大理论和实践意义的考古学问题，通过考古发掘和研究向世界展现中华古代文明的伟大成就，揭示了中国文明多元一体的起源模式，证实了以龙山文化的发现地、发祥地山东为中心的海岱地区，是诸多古代文明的重要发祥地之一。我们有足够的理由相信，城子崖遗址这颗东方明珠在未来的岁月因其对中国史学、考古学及文明起源等方面的重大现实、学术意义，将更加璀璨夺目、饮誉中外。

第七章

≋

龙山时代先民的社会生活

穿越时空的隧道，4 000多年前的龙山先民无疑是幸运的。他们所生存的黄河中下游地区，当时的气候比现在要温暖和湿润，崇山峻岭、茂林修竹间又有清流激湍映带左右，勤劳的龙山先民傍水而居，过着日出而作、日落而息、凿井而饮、筑屋制陶的平静生活。面对大自然的丛林法则和万邦林立的生存挑战，智慧的龙山先民设计并筑造了东方最早的城，并以城为中心构建了区域性的政治联盟，如鲁东南沿海地区的丹土—两城镇与尧王城遗址群、鲁北山前地带的城子崖—丁公—桐林—边线王遗址群、鲁西的景阳冈—教场铺遗址群等。龙山时期社会细胞进一步小型化，社会风貌世俗化，王权进一步加强，从而拉开了夏、商、周三代以城邑为中心的城邦时代的华丽篇章。

一、先民的"食"

近年来随着自然学科在考古学中的运用，我们对远古先民社会生活的认知比前人提高了很多。时下学界流行的生业经济涉及很广，简言之与先民基本生活方式相关的生产资料和生产领域均可归入其研究范围，而现阶段这些信息的获得主要有赖于植物考古与动物考古两方面。

据考古学者的研究可知，在龙山时期已发现了粮食作物。粮食作物在古代统称为五谷或六谷，至于五谷和六谷所包括的品种，历来说法不一，比较权威的说法是黍、稷、麦、菽、麻为五谷，如果再加上稻则为六谷。在龙山时代的两城镇、桐林、教场铺、城子崖、尧王城、十里堡、庄里西、藤花落等遗址中均全部或部分地发现了粮食作物，只是数量比例上略有差异。栾丰实先生认为龙山文化时期整个海岱地区已形成了三种不同结构的农业区：以种植水稻为主的鲁东南、鲁南和苏北、皖北地区，以旱作农业为主的鲁中北和鲁西北地区，稻旱混作农业区。

黍即北方人口中的黄小米，被称为"黏的圆锥花序小米"，状似小米，煮熟后有黏性。稷是今天的小米，俗称谷子。在"靠天吃饭"的远古社会，由于这两种植物多能适应干旱气候，所以在相当长的历史时期是北方少雨地带的主要农作物，早在七八千年前已开始在中华大地栽培。《论语》曾载孔子的弟子子路遇见一隐者，二人相谈甚欢，隐者不仅留其住宿，而且还"杀鸡为黍而食之"，以情理度之这应该是顿盛宴。

麦有大麦、小麦之分，古时称大麦为"麰"，小麦为"来"。《诗经·周颂·思文》有"贻我来麰，帝命率育"，这两句话的意思是上天赐给周小麦、大麦，令武王遵循始祖后稷以稼穑养育万民的功业，据此也可看见麦在人们生活中的重要地位。五谷中的"菽"就是豆子，原指大豆，后成为豆类的总名。《诗经·豳风·七月》有"禾麻菽麦"，《小雅·小宛》有"中原有菽，庶民采之"。麻的麻籽可食，可能很多人觉得麻籽味重油大、不宜多食，不理解它怎会位列五谷之中。《列子·杨朱》曰："昔人有美戎菽，甘枲茎芹萍子者，对乡豪称之。乡豪取而尝之，蜇于口，惨于腹，众哂而怨之，其人大惭。"可见这种谷物在当时也只是底层民众的主要食材，富贵人也是难以下咽的。稻也有黏和不黏的区别，黏稻适合做酒。

以上所列多为后世文献所载，近年来随着植物考古学的兴起，我们对先民的生活方式有了更多直观的认识。考古工作者在栖霞杨家圈、日照尧王城和两城镇、滕州庄里西、临淄田旺等遗址发现了属于龙山文化的稻米遗存，尤其是两城镇和庄里西两处遗址的发现，显示出当时人们的主要粮食作物是稻米，而粟、黍则只是少量存在。例如在庄里西、发现的稻米标本达280料，而黍的标本仅2料。学者们由此推测，当地是以稻为主、以黍为辅的农耕文化。稻作农业同气候环境密切相关，发现稻米的上述地点，均分布在今800毫米年平均降水量区域界限以内，或与之极为接近的区域内。

考古发掘的资料证明，龙山文化时期已出现了铜器，如胶县三里河出土的2件铜锥形器。铜制工具作为稀缺资源在农业中的运用表明当时社会生产力的巨大进步。当然，对于大多数人来说当时主要的生产工具仍是石器，如石斧、石刀、石镰及蚌镰等。这一时期的农具形制更加多样，且磨制精致，大型半月刀、双穿石刀、石镰已出现。据民族学资料和力学原理分析可知，这种石刀、石镰的使用方式就是在钻孔地方系绳或直接套在手上，刀刃贴在直立的穗茎上，拇指按住穗茎用力压切来割断谷物穗茎，这种方法又被称为"摘穗"，这种收割方式的特点都是一株一株收割，并且只割取谷穗，收割对象主要为粟、黍、稻等多种谷物。当然也不排除一器多用的现象，这类石刀、镰还可以用于日常生活的其他方面，如刮皮、砍骨、切肉、割草、制陶等。也有些学者通过外形特点分析石刀中直刃的是农具，也可兼作切割用，凹刃的专作农具用，凸刃的则作切割用。此外，采集仍是这一时期人们生业经济的重要构成部分，只是随着农业的发展，其地位呈下降趋势。

通过对龙山文化遗址出土的畜骨、兽骨的分类、鉴定、统计和分析，发现的动物以家猪最多，还有牛、鸟、小偶蹄动物（其他蹄类动物包括麕属动物和獐）、鹿和狗等。以潍县鲁家口龙山文化遗址为例，在该遗址采集到的动物遗骸，可以代表21个种属，包括家猪、牛、鸡、猫、鼠、麋鹿、梅花鹿、獐、狐、貉、獾、青鱼、草鱼、龟、鳖、文蛤、毛蚶、螺类、蟹类、大型禽类等。可见这一时期，家畜饲养业是以养猪为主，其次是牛、鸡、猫。此外，食谱里还有些沼泽和森林附近的动物，主要以鹿类为主，还有少量的獐、麋鹿等。当然，各地因所处的具体地理位置不同食谱也略有不同。如海边先民食用海产品的种类较内地更为丰富。长岛群岛是南来北往的候鸟临时停歇的中间站，因此，这里的远古先民除饲养猪、狗等以外，猎获候鸟也成为本地区狩猎经济的一大特点。

可能很多读者还是会发出疑问，龙山时期的先民究竟是怎样饲养家畜的呢？1974年，胶县三里河遗址就曾发现大汶口文化时期的猪圈一座，出土了一件夹砂灰陶器，器身仿猪形塑造，小耳斜耸，獠牙微露，短尾上翘，陶色与猪皮色近似，这件被命名为"猪形鬶"的陶器反映了早在大汶口时期先民已开始圈养家猪。令人惊喜的是，反映这一饲养方式的畜舍模型也于1978年在潍县狮子行遗址龙山文化层首次发现。这件陶器为圆柱形，中空，一面平；圆柱两底一底为圆锥形，中有一小孔；圆锥上圆柱侧面有一圆孔；另一面平，中有一似门形长方形；孔上下各一桥形物，上边桥形物上两侧有两个圆柱形柄状物，并状物中有孔。这件陶器自出土以来，文物工作者多有猜测。因其造型似猪舍，

胶县三里河出土的猪形鬶（现藏于中国国家博物馆）

龙山文化时期的畜舍模型器（现藏于潍坊市寒亭区文物保管所）

故将其命名为畜舍模型器。再结合这一时期出土的大量猪骨和猪形鬶可知，至晚在大汶口—龙山文化时期东夷先民已进入了一个畜舍饲养家畜的新阶段。

二、先民的"用"

如果说生业经济主要解决的是先民"食"的问题，那么手工业经济则涉及先民的"用"。大到选址造城、建造房屋，小到制陶采石，都是手工业经济关注的范围。

当今学界对文明起源的要素虽说法不一，但城的出现无疑是人类社会进步的重要里程碑。"城"字出现很晚，甲骨文中不见，金文中的"城"也非城址之意，而是人名或地名。至《诗经》《春秋》经传中"城"才开始多见，意为筑城。因此建城史与筑城年代可能并不同步，往往是先有城邑后有城墙，甚至根本就没有城墙。最早的城可能是木城。《说文》曰："栅，编坚木者也。"《通俗文》曰："木桓曰栅。"位于马来半岛的单马令国、加里曼丹北部文莱一带的渤泥国及流求国都是以板为城。我国古代也极有可能使用过木城，只是由于木质易朽，经年累月不易发现罢了。

1985年，在寿光县边线王村发现了海岱地区龙山时期最早的城，紧接着在城子崖、丁公、田旺、景阳冈等地先后发现了龙山时期的城。目前海岱地区所见龙山城已逾二三十座，不仅数量剧增、规模扩大，甚至还出现了数十万平方米的大城，乃至成百万平方米的超级大城，很显然龙山时期已形成了不同等级的城，并产生了原始的城市。这一时期的城有两种：一种是常见的城，即我们常见的有直立城垣、城垣内外地平基本一致，以城垣缺口为城门门道的城，其形制如今日之紫禁城、平遥古城等；而另一种则是台城，龙山时期常见，这也是我们下面需要重点介绍的城。

台城，顾名思义是台形的城，即建在高高台地上的城，外观高墙耸立，内看如土岭围绕城周围，城垣内侧成缓坡，或只有矮墙。墙基不在同一地平上，内高外低，高低悬殊。一般仅在城垣外侧挖斜壁沟或半斜壁沟形基槽。由于城内高外低，决定了城门门道必须是斜坡形。城子崖始建的龙山城，内外地平高差可达5米以上，在城垣缺口外修筑了斜坡形的门道，是比较典型的台城。这种台城一般都有环城壕沟，主要由取土筑城而形成，实质上是取土沟，注水后也就成了护城河。但是，这种护城河内侧以城垣外壁为壕壁，墙基易受浸蚀，且易淤积。加之北方地区并不常年积水，且常常在其上对城垣进行修葺，因此很不稳定。所以和晚期的比较稳定的护城河不同，还不是后来的城垣、城河结合共同构成防御体系的那种城壕，只是城壕的滥觞。

台城在当时来说，有着明显的优点。首先，能适应不同地形，因地制宜，依托河崖、沟崖和利用取土沟，加高城垣外壁的高度，而保持平直的外壁，使城墙难于攀登；成小斜城形的内壁，把城顶与城内地面连成一体，任何部位都可上下城顶，而且城顶也可居住，便于瞭望、防御。这种类似后来坞壁的台城，显然具有较强的防御能力。其次，台城因能更好地适应和利用不同的地形，营筑起来比较省力、省时，因此既能大批地筑城，又能营筑大规模的城。当然，台城毕竟还不是完全成熟的城，它的一个明显缺陷是城内地面不平，周围隆起，中部相对低洼，容易积水，而且不易排泄。城子崖城中部有池塘或经常积水，就是一个明显的例子。需要补充的一点是，这一时期的建筑无论是筑城还是造屋均采用的是板筑法，即筑墙时把土夹在两块木板中间，用杵捣实排出泥土间的空隙，然后再拆除木板，就成为一堵墙，而这种古老的建筑技术在我国西南边陲一些地区至今仍在沿用。

石器是人们最早使用的生产工具。是否使用打制石器则是区分新旧石器时代的重要标志。简言之，打制石器主要采用打制方法，形态粗糙；而磨制石器是在打制石器的基础上采用了磨制技术，工具变得更加精细。在使用功能上，打制石器是与渔猎生活相适应，效率低；磨制石器则是生产力发展到一定阶段，先民已进入农耕生活后使用的工具，劳动效率要高得多。

龙山时期已进入新石器时代长达5 000年之久，石器制作技术较之以往有极大进步，这不仅仅表现在制石者能根据工具不同的性能要求来选用适当的石料进行制作，如厚重的石斧多采用辉绿岩、闪长岩等，扁薄的石铲多选用板岩、页岩等，石锛、石凿则取质地坚硬的燧石、泥灰岩和闪长岩等；而且此时的磨光、钻孔等技术更加精致、更为发达，如姚官庄遗址出土的石刀通体磨光，刀身较薄，刃部较锋利，穿双孔，双孔多靠近刀背。此外，龙山文化时期农业、手工业等方面的石制生产工具更进一步定型化。此时斧为厚身长方形或略呈梯形，双面刃；锛为较扁的梯形，单面刃；凿为厚身长方形，多单面刃；铲为扁薄长方形或梯形，单面刃；镰为尖头，拱背，宽尾，单面刃内凹；刀呈长方形，或一端略窄，背部穿双孔，单面刃；镞则以断面呈三角形或菱形者为大宗。上述主要器类的形态，一直到铜、铁质工具出现，都没有太大的变化。

陶器作为一种生活用具，它不像石器那样仅仅对天然材质进行直接加工就可以创造出各种各样的形式，它需要经过一系列较复杂的制造过程，如：陶土的甄别、选取，陶器的成形、火候、封窑等等。据说最早的陶器是母系氏族社会中女性成员的伟大发明，考虑到这一时期男性主要负责部族间的争战、外出打猎捕鱼等维持族群生存的体力活动，这一说法基本可信。在日常生活中，女性成员因体质所限主要负责汲取生活用水、烧烤食物和管理与之相关的生产生活。因此，烧造陶器这种充满智慧和创造力的工具诞生在女性手中也是理所当然的。只是随着社会发展的进步特别是进入父系氏族社会后，男女在氏族社会中的角色逐渐转换，氏族中的男性成员才渐渐地参与到制陶中来，并且随着制陶业的快速发展逐渐过渡到以男性为主要生产成员的状态。

陶器进入先民们的日常生活，它改变了人们茹毛饮血、烧烤食物的习惯。食物经过烹煮不仅美味而且更加健康。取水和贮水的容器的使用则满足了日常生活的基本需求。此外，陶器中还有一些器皿，尤其是大部分黑陶器皿并不仅仅是人们的日常生活、生产用具，它们还能用于祭祀或陈设。许多黑陶制器无论是造型、纹饰、图案都极尽完美，这部分陶器不仅反映了当时人们的审美取向，而且充分反映了先民们除了不断追求物质生活的提高以外，还有执着追求精神生活的强烈愿望。黑陶诞生于大汶口文化时期，至龙山文化时期达到史前制陶技术的最高峰，其杰出的代表即有"薄如纸，硬如瓷，明如镜，黑如漆"之美誉的蛋壳陶。先民们创造性的发挥和成就，已成为人类东方艺术史和中国陶瓷史中最为重要的经典。这里需要补充一点的是，所谓"蛋壳陶"是一种制作精致、造型小巧、外表漆黑黝亮、陶胎薄如鸡蛋壳的高柄杯，它仅为典型龙山文化所见，并非所有薄胎陶器皆为"蛋壳陶"。

尽管蛋壳陶制作精美绝伦，举世无双，但是极易破损却是其不可克服的缺陷。蛋壳陶自问世以来，无数人被其风韵倾倒，更有不少人不断尝试复制，但是遗憾的是其制成品与真品无法比拟。此中缘由除去陶土原料不可得（古人采用的陶土是以古河床年久沉积的细泥为主要原料，现今的自然条件已经失去了这种天然原料的来源）外，更重要的是价值观念的不同：蛋壳陶作为一种祭器，更多的是为了取悦神灵和祖先。

除蛋壳陶外，这一时期的器形还有鬶、盉、甗、鼎、碗、盂等几十种，特别的是这一时期有一整套的磨光陶器器物群，其中最具特色的是"鬼脸式"或"鸟喙足"的曲腹盆鼎、三角形足罐形鼎、形式繁多的陶杯等。其普遍制法采用的是轮制，多数陶器器底能看出偏心圆痕迹，器身内外都有快轮旋转时形成的紧密平行线，所以此类器物造型多规正和优美。但也有少数陶器采用手制，

鸟喙足盆鼎（现藏于日照市博物馆）

如鬶、盉的足、把、耳、鼻等，则先用手制成器形，再行粘合。如上种种，无疑都见证了龙山文化时期东夷人高度发达的制陶业。

三、先民的手工业发展

玉是一种稀有、美丽而坚韧的石，石之美者称为"玉"，又叫"玉石"。在海岱地区最早发现的玉器同石器一样，也是一种实用的生产工具。在其发展的过程中，由于玉器加工制作较难，一部分的玉器工匠逐渐从石器制造业中分离出来，成为最早的专业玉匠，这种分化在海岱地区大致形成于大汶口文化时期。此外，由于玉石本身具有稀少、美观、贵重等特质，所以起初仅为实用工具的玉器，在日后逐渐成为一种奢侈品，被上层贵族所垄断，用来祭祀和穿戴。

人类的发展历程按物质文化的出现一般可划分为"石器时代""青铜时代"和"铁器时代"。在新石器时代的中晚期，华夏大地上玉器使用现象十分普遍。《越绝书》曾记载了战国时代的一段话，提到了"以石为兵""以玉为兵""以铜为兵""以铁为兵"。所以，有学者提议在"石器时代"和"青铜时代"之间，我国还应该单设一个"玉器时代"。

早在8 000年前，古人就开始用玉做装饰了。海岱地区最早的出土玉器始于北辛文化时期。至龙山文化时期，先民的制作工艺有了很大的发展和提高，这一时期出土的玉器不仅数量、种类多，而且造型精致，已达到了东夷史前玉器制作的繁荣期。对古人而言，玉不仅仅是生活中的装饰品，体现他们的爱美之心；玉更是一种礼器，用于显示权力、地位，祭祀神灵。

海岱龙山文化发现的玉器遗址并不多，其中最重要的一次发现是20世纪30年代初在日照两城镇发现了一个龙山文化时期的玉坑，惜发现之初已有大量的玉器通过青岛古董商流散至海外。总体而言，海岱地区发现的玉器总量与较早的红山文化、良渚文化和略晚的后石家河文化等相比也少得多，但海岱龙山文化的玉器有自己的特色，概而言之，制作工艺和技术先进，普遍采用了片切割和管钻技术。

在工具匮乏的5 000年前，要对玉石进行加工，玉工有一件法宝，就是解玉砂，即"它山之石，可以攻玉""它山之石，可以为错"。所谓的片切割就是用片状的石器和竹片，配合有硬度的解玉砂做直线切割，用于玉器的开料和剖面。至于管钻技术就是玉工会用一些管状物体加上解玉砂在玉上急速转动，钻孔。在管钻时，如果玉料高度超过管钻工具的长度，古人就会把玉料翻个面从另一头钻入，但这样也容易出现两头钻孔对不上的现象，不过慢慢地单面钻孔技术也逐渐取代了双面钻孔技术。

海岱龙山文化发现的多数玉器器体甚薄，包括一些大至五六十厘米的器形也是如此；闪玉料可能为来自东北辽东半岛的岫岩，而蛇纹石当产自当地；玉器组合以钺、牙璧、大型多孔刀为主，尤其长方形钺和牙璧，以及目前多为采集品的牙璋，海岱龙山文化特征鲜明。在这里值得一提的是牙璧与牙璋：牙璧形制特殊，整体近似圆形，周边一般有三个向同一方向旋转的牙，有的牙或牙之间还雕刻出单个或成组的齿状突起，中间则为或大或小的圆形孔；而牙璋则是一种有刃的器物，器身上端有刃，下端呈长方形，底部两侧有突出的鉏牙。二者很显然已完全脱离了实用工具，成为一种祭祀的礼器。龙山文化时期，部分玉器从实用器蜕化成纯粹象征性的礼器是历史的一大进步，它标志着东夷族

龙山文化之牙璧与牙璋

文明社会的到来。

自远古先民从事狩猎之始，便开始了以动物骨骼为原料进行加工的骨器制作。至龙山文化时期，随着生产力的进一步发展，骨器在日常生产中仍占有重要的地位。东夷人对骨、牙器的加工制作技术基本上沿袭了大汶口文化时期的截、劈、削、磨等制作技术，未见有大的创新技术。不仅如此，这一时期出土的骨器数量也明显少于大汶口文化时期。在龙山文化遗址里出土的骨器（包括角、牙器）中，属于生产工具的铲、刀、镰等生产工具占较大比例。此外，装饰品和雕刻物所占比例也大为减少，反之作为战争工具的镞的产量却大幅度增加，应与此时频繁的部族战争相关。总之，龙山文化时期较之以往并无长足的发展，骨器的战争属性在这一时期逐渐增强。

至于铜器，目前所见海岱地区最早的铜器始见于龙山文化时期，在胶县三里河、诸城呈子、栖霞杨家圈、日照尧王城、长岛县北长山岛店子等遗址先后发现了龙山文化时期的铜形器、铜工具及冶铜遗迹，但由于数量较少尚不具备深入探讨的基础，只能说明龙山时代的铜器生产仍局限于生产工具等小件，尚无充分证据表明其已具备制作铜容器的能力。

四、先民的艺术追求和其他

对龙山时期先民精神生活的探讨多少显得有些无力，这一方面是囿于出土材料的零散稀缺，另一方面更为重要的原因是对有限材料的解读因文献等相关材料的缺失多少显得有些"异想天开"，此部分读者姑且听之哂之。我们先来探讨一下龙山时期的音乐与舞蹈。

传说龙山时期东夷族有位著名的领袖——舜。《世本·作篇》载："箫，舜所造。其形参差象凤翼，十管，长二尺。"《竹书记年》载：有虞氏舜"作《大韶》之乐"。《吕氏春秋·古乐篇》亦载："帝尧立，乃命质为乐。……瞽叟乃拌五弦之瑟，作以为十五弦之瑟。命之曰《大章》，以祭上帝。舜立，命延，乃拌瞽叟之所为瑟，益之八弦，以为二十三弦之瑟。"由此可见，舜和其父瞽叟都是在音乐方面，特别是琴、瑟、韶（箫）乐等方面有重要造诣的艺术家。舜不仅创造了著名的《大韶》之乐，而且还懂得利用琴、瑟、钟、石、笙、管，以六律、五声、八音协治，演奏《韶乐》《箫韶》《九成》等曲，所以无怪乎《路史·后纪十二·有虞氏》盛赞："五帝之乐，莫盛于此。"除文献记载外，下面我们再介绍相关的出土材料。

众所周知，琴、瑟、箫等传统乐器多为竹质、木质，极易腐烂，所以在田野考古很难发现此类乐器。目前所见，最早的乐器在我国河南贾湖一带，距今约8 000多年，远古先民用丹顶鹤（传说中的仙鹤）的颈骨制成了笛子，吹奏出了五声或七声调式。而海岱地区发现的最早乐器可能是一件大汶口时期壶口蒙有鳄鱼皮的白陶壶，此后又在邹县野店遗址、广饶五村等地发现同时期的多件陶鼓。除此之外，还发现过陶质笛柄杯、陶质牛角形号角及陶埙等相关乐器。文献曾载"灼土为埙，而礼乐于是兴焉"，1960年在山东潍坊市姚官庄龙山文化层就发现了一件陶埙，可见这一时期东夷人的音乐是相当发达的。《竹书纪年》载"后发即位，元年，诸夷宾于王门，诸夷入舞"，又"诸夷宾于王门，献其乐舞"，虽然讲的是夏时诸夷向夏王献乐舞，但是东夷族若非有渊源深厚的积累，又岂能荣登夏王的殿堂呢？

1981年在青州市郑母镇北高村曾发现一件龙山文化时期的陶器，该陶器上有一刻画图案，著名的考古学家宿白先生认为图案的内容像是两个人，从正面看又像是一个人。青州市博物馆庄明军先生认为："画面上似有两人，左边一人，前额高起，眼部低凹，下巴突出，脑后两根象征性的头发，背部略呈弧形，胸部似有两个高耸的乳房；右侧似为一个仰卧的婴儿；左侧人像的乳下有一条弯曲的线，似为一只手臂伸向右侧；两人的下半身都用一条弧线和一条锯齿状折线来表示。"尽管对图案的意义不十分明了，但这件陶器的出土无疑为我们了解龙山时期的线刻艺术提供了宝贵资料。

彩陶至龙山文化时期突然消失不见，其原因更是仁智互见，但是彩绘艺术在这一时期依然存在。在临朐朱封龙山文化墓葬中发现了成片的彩绘，有红、黑、白、黄、绿等多种颜色，尤其是在M203的内、外椁之间的南、西、北三面，均发现有较大面积的多种颜色的彩绘。如此大面积的色彩斑斓的彩绘发现，对于研究龙山时期的绘画艺术具有极为重要的价值。

　　了解了龙山时代的绘画艺术，我们再来看看龙山文化时期的雕刻艺术。说起雕塑，很多读者的脑海里会下意识地蹦出几个人的名字，如米开朗琪罗、罗丹、米隆，或者是《掷铁饼者》《大卫》《思想者》《维纳斯》等经典雕刻作品。但是，很少有读者知道早在龙山文化时期，我国海岱地区的骨质、牙质、玉质雕刻品已大放异彩，特别是玉质雕刻品更是数量众多、造型别致。出土的玉质雕刻品多集中在日照两城镇、胶县三里河、安丘景芝镇等地，其中比较珍贵的玉质雕刻品有胶县三里河龙山文化M203出土以鸟形成组的雕刻玉器、日照两城镇出土刻有类似兽面纹的玉斧（锛）。此外，在临朐朱封龙山文化墓葬中还出土了两件精致的玉质头（冠）饰"系由两件组合而成。M202:1，乳白色。形似玉佩，镂孔透雕，玲珑剔透，两面均镶嵌绿松石；M202:2，墨绿色，形似玉笄，断面略呈扁圆形，通体有竹节状旋纹。通长23厘米"。棺内还出土"坠饰4件。绿松石质，中有穿孔。最大的一件长4厘米。串饰18件。绿松石质。中有穿孔"。"此外，在棺内头骨左侧，还发现有九百八十多件绿松石薄片，大小只有几毫米，其中有一件带圆孔。"玉头（冠）饰附近出土这么多绿松石坠饰、串饰和薄片，专家们认为"大概多是墓主冠上的饰物"，并将"头（冠）饰"称为"皇冠"。

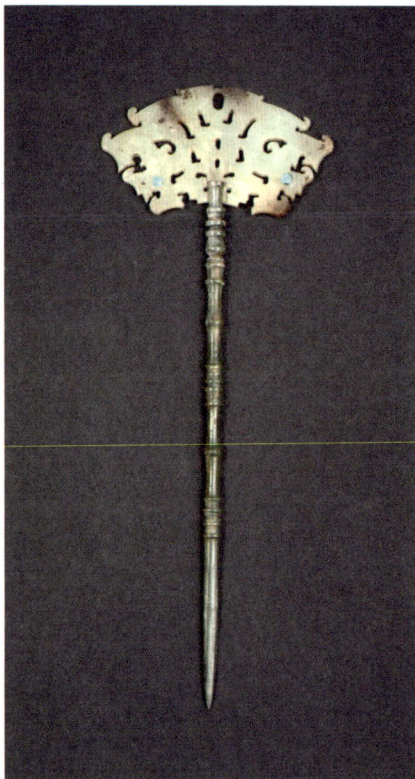

临朐朱封龙山文化时期的玉头（冠）饰

这可能是目前发现的最早的皇冠，它清楚地表明龙山文化时期海岱先民的雕刻镶嵌工艺已达到相当高的水平。

接着我们再来介绍东夷先民的葬俗。丧葬是一个人在尘世中的最后礼仪，也体现着生者对死亡的敬畏、对死者的哀悼。大家都知道古人"视死如生"，所以葬俗是一个社会政治、宗教、经济、文化的折射，是民俗文化的重要组成部分。每一葬俗都有其存在的特定时间、范围和意义。龙山文化时期的墓葬绝大多数是长方形竖穴墓，绝大多数没有葬具，部分大型墓也存在二层台结构。在这里需要说明的是，二层台若是挖墓时预留，则叫"生土二层台"；若系下棺后另行夯筑的台阶，则称为"熟土二层台"。二层台常用于存放随葬品，甚至埋葬殉葬人。同大汶口文化基本相同，这一时期墓葬多为单人仰身直肢葬，墓主多头东脚西，呈东西向。与大汶口文化中、晚期墓葬中随葬品相当丰富这一现象形成迥异对比的是，龙山文化时期的随葬品很少，大多数墓一无所有。所以专家们推测，这一时期的葬俗似乎有一种衰落的趋势。但是这一时期又不乏大型墓葬（如临朐朱封等）的发现，不仅墓室结构复杂，而且随葬品精美丰富异常，令人叹为观止。究其原因或与这一时期贫富加剧、阶级分化相关，更是后世"富者田连阡陌，贫者无立锥之地"现象的滥觞。

最后，我们再用些文字来介绍下东夷先民的原始历法、医学、数学及其他学科知识。大家都知道，山西陶寺观象台是迄今考古发现世界最早的观象台遗址，距今约4 000多年。在文明起源之初，它是指导人们"春种秋收"的节令和历法，并且较早透露出"日出东隅"的思想观念。很显然这是一种已然成熟的历法，而人类最初的意识只有太阳的升降，正所谓"日出而作，日入而息"便是远古先民对历法最朴实最懵懂的认识。

由于海岱先民地处东部沿海山地丘陵地带，在当时人们的理念里，所谓的一日即太阳从东边山头的后面出来到西边山头的后面落下，山头纪历法便由此诞生。据《山海经·大荒东经》载："日月所出"之山凡六：大言山、合虚山、明星山、鞠陵于天山、猗天苏门山、壑明俊疾山。又《山海经·大荒西经》载："日月所入"之山亦六：丰沮玉门山、龙山、日月山、鏊钜山、常阳山、大荒山。这种山头纪历法也见于考古发现，在莒县陵阳河遗址和诸城前寨遗址均发现了图像文字"⚓"和"☺"。王树明先生通过实地观察发现：在遗址东南约2.5公里处有座五峰并联的山，中间一座山峰突起，春秋两季早晨八九点钟时，太阳从正东升起时，恰好高悬于主峰之上。至于"☺"像太阳高照于南天，表示炽热的季节，即夏季之意。因此，这两个图像文字的发现表明4 000余年前东夷先民已初步掌握了季节概念。不仅如此，据《尚书·尧典》《山海经·大荒南经》等所载，史前的东夷人很可能已有1年有12个月的观念，至于是否知道1年有365天及闰年等历法，至今尚未得到考古发现证实。但山头纪历确是东夷人的发明，其对我国历法的重大贡献则是毋庸赘述的。

针灸是我国特有的一种治疗疾病的手段，它是一种"内病外治"的医术。远古先民在与大自然打交道的过程中，逐渐学会用植物治病的方法。在日常的采集渔猎过程中，难免会受到毒虫的叮咬，进而生疮化脓，他们会用一些尖利的石块，刺破化脓的伤口，排出脓液，以减轻疼痛，这已经有了外科手术的影子。这种石头，也叫箴石或砭石，有点类似于今天的手术刀。《汉书·艺文志》载："医经者，原人血脉经络骨髓阴阳表里，以起百病之本，死生之分，而用度箴石汤火所施，调百药齐和之所宜。"颜师古注曰："箴，所以刺病也，石谓砭石，即石箴也。古者攻病则有砭，今其术绝矣。"砭，在金属问世前均以石为之，故称"砭石"。考古出土了大量的刮削器、尖状器极有可能就是彼时用来针灸的砭石，至少从大汶口文化时期起就有了专门的医疗工具，如獐牙、骨针、骨锥、牙刀等。在临沂湖台遗址1、2号墓龙山文化层曾出土的石笄极特别，它不是出自头部束理头发处，而是出于墓主左股骨两侧，因此专家们多认为其是砭石。砭石为外科医疗工具，药物一般是内科使用的，两者结合密不可分。

提及医学，难免就会想到酿酒。众人皆知，我国有着悠久的酒文化。不仅品种繁多，而且名酒荟萃享誉全球。酒在远古时期与医学密切相关。医最早写作"醫"，《说文》载"治病工也。从医，从酉。医，恶恣也。医之性然，得酒而使，故从酉。一曰医，病声，酒所以治病也。《周礼》有医酒"，又"酒所以治病也"，酒可舒筋活血，在治病过程中可作兴奋剂、麻醉剂。"医之性然，得酒而使"，直至今日我国仍有"药酒"，可见"醫"字从酉（酒）情理使然。

这一时期的东夷先民不仅在历法、医学、酿酒等方面有所发明创造，而且还有了朦胧的数学乃至原始机械和物理等方面的知识。从考古资料来看，至晚从大汶口文化时期的陶器上已出现圆形、椭圆形、方形、菱形、弧形、三角形等几何图形，甚至已有了同心圆、对称这些重要的数学特性，这些数学现象一直到龙山文化时期达到极盛。按情理推之，此时应有规、矩之类校正圆形和方形的工具，只是由于古时规、矩多为木制易腐烂，所以直到今日并未发现实物。

此外，在长期的生产活动中，东夷先民已逐渐认识了简单的原始机械和物理知识。主要表现在如下几方面：

其一，已学会了利用力学的原理制作弓箭。"夷"即大弓，顾名思义当是使用大弓的人。弓箭是利用简单的机械弹力将箭矢远距离射出去。考古发掘资料证明，新石器时代东夷人有大量的弓箭和各种材质（石、骨、角、牙质）的镞出土，特别是到了龙山文化时期，随着部落间战争的增多，镞的出土更是大增，足以说明此时的龙山先民已极擅长利用简单的机械弹力。

其二，出现了带柄工具。安柄在今人看来极为简单，可于先民而言就是了不起的进步。安柄不仅便于握持工具，而且有助于发力。东夷人何时发明了带柄的生产工具不得而知。我们只知道至晚北辛文化时期，先民就开始使用带柄的生产工具，如滕县北辛遗址就发现了鱼镖、鹿角矛形器、鹿角锄、蚌镰等。到了龙山文化时期，穿孔装柄技术又前进一步，出现了大量双孔装柄的石刀。

其三，纺轮和原始织机的发明和使用。纺纶最早发现于北辛文化时期，至大汶口文化时期已发现了多处布纹遗迹，其中不仅有粗布纹，而且还出现了细布纹。根据种种情况分析判断，大汶口文化时期可能已有了简单的原始的织机。到了龙山文化时期，纺织水平相当于现代农家腰机织的粗纹布水平，可能此时已有了正式的织布机。

　　其四，陶轮的发现与陶器烧制技术。海岱地区发现的最早的陶器属于后李文化时期，距今已有8 500多年的历史，但此时陶器均为手制。至北辛文化时期，开始出现轮制陶器。所谓轮制，就是利用轮子旋转的原理来制作各种圆形的陶器或陶器的圆形部分。最初的轮制是慢轮制陶，随着轮制技术的进一步发展，才出现快轮制陶。一直到龙山文化时期，东夷人的快轮制陶技术达到了史前时代陶器制造业的巅峰，其代表作就是驰名中外的"薄如纸、明如镜、黑如漆"的蛋壳陶。不仅如此，这一时期烧窑技术也达到炉火纯青的高度。

　　以上种种只是我们关于海岱地区龙山时期先民生活一鳞半爪的解读，更多的信息期待出土材料的问世……

JINAN 济南故事

第八章

国宝档案

西拉姆是德国一位著名的考古学家，他一生致力于考古学的普及，一生都在做"还原现场"的工作，他曾说过："人类假如想要看到自己的渺小，无须仰望繁星闪烁的苍穹，只要看一看我们之前就存在过、繁荣过，而且已经消亡了的古代文明就足够了。"在这一章节我们准备为大家介绍一些城子崖历次发掘出土的精品，以及与之相关的海岱地区其他龙山文化时期的珍宝。在漫长的历史长河中，我们的先民曾创造了无数的奇迹，很多都已随岁月成为绝响。今天让我们来重温这些国宝，借以窥视那段如同天空"满天星斗"般交相辉映的时代。

一、蛋壳陶

若有读者去过山东省博物馆，一定会对其常设"山东历史文化展"中陈设的蛋壳陶留下非常深刻的印象。蛋壳陶属于黑陶。考古学的材料证实：黑陶诞生于大汶口文化时期，至龙山文化时期达到史前制陶技术的最高峰。在黑陶发现之前考古学家在我国西部、北部发现的都是彩陶。这种迥异于彩陶的黑陶文化，与之后殷墟后冈三叠层的发现，不仅纠正了长期以来学界将仰韶文化与龙山文化混为一谈的错误，而且印证了中华文化一脉相承的特点，有力地否定了"史前文化西来说"的观点。

蛋壳陶属于黑陶，但并非所有的黑陶都是蛋壳陶。专家们认为："所谓'蛋壳陶'，是一种制作精致、造型小巧、外表漆黑黝亮、陶胎薄如鸡蛋壳的高柄杯。它仅为典型的龙山文化所见，并非所有薄胎陶器皆为'蛋壳陶'。"高柄杯是蛋壳陶的代表作，高度多在25厘米以下，重量一般不超过70克。偶有例外，高度也不超过25厘米，重量一般不超过100克。学界多认为除高柄杯外，不论什么器形，只要厚度在0.3—1毫米之间，单件重量不超过100克，原则上都可以称为"蛋壳陶"。他们创造性的发挥和成就，已成为人类东方艺术史和中国陶瓷史中最重要的经典，是我国古代制陶艺术的巅峰之作，享有"薄如纸、硬如瓷、声如磬、亮如漆"之美誉。

"掂之飘忽若无，敲击铮铮有声"的蛋壳陶最早见于城子崖，其原料为细泥陶，陶土应为河湖沉积的细泥，经淘洗后不含杂质，胎薄而均匀，制作上采用快轮制。考古学家杜在忠先生曾长期致力于蛋壳陶的研究，他认为："蛋壳陶的盘口、杯部和底足部分有细密的同心圆轮纹，这说明是经快轮加工制成。显然，做这类薄胎小型器皿，对快轮轮盘设备的精密性和旋转时的稳定性，要求是很严格的。……蛋壳陶的陶坯制作是先由快轮做出2至3个部件，待其稍微阴干，再对陶坯刮磨加工，最后经过细致的组装粘接才成为一件完整的陶坯。"钟华南先生根据自己多年的蛋壳陶模拟实验，指出："黑陶高柄杯经历了3个成型发展阶段：惯性陶轮成型阶段、拉坯成型阶段和拉坯与车制相结合的成型阶段。在前两个阶段是用圆钝刀刃来成型陶坯。在最后一个阶段是用坯体接触面小的薄刃尖锐锋利刀具来成型陶坯。用于蛋壳黑陶成型的陶轮不仅仅是快速陶轮，而且是高精度的惯性快速陶轮。"

　　蛋壳陶不仅制作工艺繁杂，而且还需要精湛的烧制技术。"蛋壳陶杯的表面内侧都是透黑的，黑色神秘的金属色泽，带给人们直观的视觉冲击和震撼。这源于4 000多年前的'黑科技'——高温渗碳技术，即将碳分子渗透到胎体的微孔里，通体呈现出黑色。其制作方法是在烧窑后期，封闭陶窑的排烟孔，故意造成窑内通风不良的缺氧状态，使木柴在烧制过程中产生大量黑色浓烟，即很多微小的炭粒。炭粒不断被已经接近真空的陶胎空隙吸附，并逐渐向陶胎内部深处扩散，直到吸附作用停止，从而形成胎体致密、内外均黑的黑陶。此外，在黑陶烧成的最后一个阶段，除了封窑之外，龙山人可能还从窑顶缓缓加水，使木炭明火熄灭，从而使窑内产生更多更密的浓烟，以促使陶胎渗碳。"

　　蛋壳陶通体透黑，纹饰上以凹弦纹、凸棱纹和圆形、楔形、长条形、三角形、水滴形等几何镂孔为主。令人惊奇的是不仅器体上的孔径相同，而且孔与孔间的纵横间隔井然有序、疏密有致，令人难以想象在生产力极度不发达的远古，古人是如何完成这一系列精密的操作的。惜今日尚未发现蛋壳陶窑址，许多问题诸如古人采用何种燃料、如何进行控温和封窑等系列操作也难以探知。

　　"蛋壳陶"作为古代制陶艺术的巅峰之作，自问世以来人们就曾用现代科技

蛋壳黑陶杯（姚官庄遗址出土　现藏于山东省博物馆）

手段屡次尝试，遗憾的是至今难以复制。如：蛋壳高柄杯最薄处仅0.3毫米，比一张A4纸还薄，如此厚度稍用力一碰就会碎掉。所以尽管蛋壳陶精美绝伦，但极易破损又是其致命缺点。很显然蛋壳陶从诞生之初就非实用器，而是当时的祭祀礼器与身份象征。目前所见蛋壳陶多出土于随葬品丰富的较大型墓葬中，这也从侧面证实了如上推论的可靠性。

蛋壳陶存世稀少，现在各大博物馆藏品多为修复师的妙手回春之作。现代复制品与真品区别明显，其根本原因除去昔日陶土原料不可得、烧窑技术失传外，还有一个重要原因即已失"魂"。远古先民不惜一切代价精益求精、臻于至善地追求器物的完美，并非为了满足先民的日常生活之需，而是为了祭祀神灵。蛋壳陶是精美绝伦的礼器。正是基于如此神圣之目的，先民们才会耗时数日甚至数月地精雕细琢每件成品，如果再考虑到因拉坯、划纹、镂空、研光、烧制等过程中产生的损坏率，蛋壳陶的成品可谓万里挑一，其珍贵性更是无言可喻。

二、卜骨

城子崖在第一次发掘之初就发现了4片牛胛骨，在稍后的发掘中又多次发现卜骨，前后共得卜骨16片，皆破碎残缺，最大者犹存牛胛骨之大部分，最小者仅长6.5厘米、宽2厘米，惜全部没文字。其中除去地面拾得的1片，6片属于上文化层，3片属于上下两文化层之混合层，6片属于下文化层。占卜所用的材料有牛胛骨、鹿胛骨及另一种未能辨认的动物胛骨3种。

提及卜骨，大家会下意识地想到甲骨文，想到甲骨文又会不自觉地将它等同于商代的文字。其实这是一种由来已久的误解，刘源先生曾指出甲骨文只是一种特殊的商代文字。首先，它特指刻写在占卜用的龟甲和牛肩胛骨上的文字。而商代文字的载体与表现形式多种多样，除了甲骨，还有青铜器、玉器、陶片、兽角和印章等。其次，甲骨文并不是商代通用文字。商代的正规文字其实是使用毛笔书写的，当时的青铜器铭文（又称金文）就较客观地反映了这种字体。当然，甲骨、玉器、陶器上也有保留毛笔书写的文字，但很少见。字形上两者区别也很大，正规的商代文字笔画较为圆润流畅，而甲骨文基本是刻写文字，字体多有简化，笔画更加硬朗曲折。最后，不仅商代有甲骨文，西周早期也会用甲骨进行占卜，自然也有甲骨文。

甲骨文的载体主要是龟甲和牛肩胛骨，还有少数羊、鹿、猪、象的肩胛骨。占卜用的龟甲称卜甲，占卜用的牛、鹿、羊、猪等肩胛骨称卜骨。实际上我们今日能看到的完整卜骨很少，大多数卜骨的骨扇（又叫“骨面”）已经断裂，仅剩骨首、骨颈或者骨条。我们这里简单介绍下甲骨文的制作过程，以牛肩胛骨为例：第一步，整治卜骨。收集到牛肩胛骨后，首先进行脱脂。牛肩胛骨由骨臼和骨扇构成。先将牛肩胛的反面的骨臼削去一半或三分之一，使之成月牙形。然后，将臼角向下向外切去，使之成直角或锐角。最后，臼角缺口之横边与骨版顶端的宽度之比呈三分之一。第二步，制作钻凿。由于兽骨本身很厚，在烧灼时很难出现兆纹，所以需要先在兽骨制作钻凿，它们通常位于兽骨的背面，其中钻的制作方法有三种：一是用钻子钻，用实心的小圆棒在卜骨上旋转而成；二是先用轮开槽，再以刀加工，使得钻内侧与凿相连接；三是用刀子刻挖。凿的制作方法则有用刀挖刻和轮开槽两种。简言之，所谓“凿”就是卜甲背面的枣核形的长槽，在“凿”的旁边挖的圆坑就被称为“钻”。第三步，进行烧灼。钻凿后的兽骨变得非常薄，一受热就极容易破裂，占卜时烧灼圆钻，甲骨正面就形成裂痕，这些裂纹通常被称为“兆”。商人会根据兆来判断所卜问事情的吉凶。最后在兽骨上刻录下占卜的内容。甲骨上出现兆之后，通常要把占卜的内容刻录到卜骨上。一块卜骨可以进行多次占卜，但是卜兆的排列却不是杂乱随机的。若将两片卜骨的臼角相对，两块卜骨上的兆枝朝向臼角，也是左右对称的。

自1899年王懿荣首次发现甲骨文，至今已122年，共计出土甲骨154 600多片，这些甲骨上刻有的单字约4 378个，迄今已释读出的字约有2 000个左右。商时人们特别尊崇神灵，如文献所载"殷人尊神，率民以事神，先鬼而后礼"（《礼记·表记》）。这种尊崇行为最明显的表现就是：日常生活中的事务，无论大小，商人都要向神灵进行占卜来决定做还是不做。我们可以通过甲骨文，来探知商时的社会结构、国家形态、国之大事及当时的经济、医学、史学、历法等社会生活的方方面面。甲骨文不仅可以作为文献用来研究古代社会历史的各个方面，而且作为全世界独一无二的、3 000多年来一直有连贯发展历史的汉字的前身，更是寻绎中国思想之渊薮、中国精神之缘起、中国信仰之源头、中国传统文化之重要载体。

城子崖遗址所出卜骨

城子崖遗址所出的卜骨是当时除河南安阳殷墟外唯一一次发现的卜骨。尽管这些卜骨只做过简单的整治，有些甚至没有处理过，钻凿的大小深浅也不规则，但它与殷墟卜骨一脉相承的关系却是显而易见的。用兽骨占卜的习俗由来已久，在殷墟和城子崖遗址发掘之前，民俗学家追溯这一习俗多止于三代的龟卜。至1928年开始的殷墟发掘已证实古代的龟卜源于骨卜。殷墟的占卜技术已极为成熟，在此之前占卜一定曾历经漫长的历史发展过程，早于殷墟1 500余年的城子崖遗址发现的卜骨无疑为解决这一悬而未决的问题提供了重要线索。令人称奇的是，2003年山东大学在西距城子崖遗址不远的大辛庄终于发现了商代的甲骨文，整个龟腹甲不论是甲骨修整、钻凿形态，还是字形、文法，都与安阳殷墟卜辞属于同一系统。李济先生当年曾预言：在东方春秋战国时期的齐、鲁地区，发展着构成中国最早期历史文化的"最要紧的成分"。如果能查明城子崖黑陶文化的发展脉络和范围，"中国黎明期的历史就可解决一半了"。今日再读此言，不禁为第一代考古人的前瞻睿智所折服。

大辛庄遗址出土的甲骨文

三、陶文

城子崖遗址前两次发掘共出陶片23 951片，占出土物总量的90%以上，大致完整或可基本复原者不足百件。陶器颜色以灰、黑、红、白等纯色为主，但这几种色又因烧制火候的差异各有深浅之别。城子崖陶器纯色及间杂色共有14种，最引人注目及艳羡者，为亮黑色。

这些陶器的质料，大致可分为泥质、砂质、瓷胎质3种：泥质15 191件，占总量的65%；砂质8 142件，占34%；瓷胎质258件，仅占1%。从地层分布来看，瓷胎质陶器在上层分布少，其密集之处位于下文化层的上部，发掘者推测其为黑陶极盛期的产物。泥、砂二质陶片，在上、下文化层分布大致相同。至于陶器的制作方法，可概括为手制、范制、轮制3种。发掘者又依据城子崖陶器的时代与风格，将其分为四系：

（一）第一灰陶系。此系陶器，位于遗址之下层。其形式仅数种，其陶器多为手制，或具杂乱粗疏之横麻纹，其特征鲜具陶耳。

（二）黑陶系。黑陶皆出土于遗址下层，颜色有灰、黑各种，最精者漆黑，表面磨光，制作极为精致，形式极复杂。

（三）粉黄陶系。黄陶与黑陶属同一地层。凡有黄陶之地，必有黑陶同出。但黄陶形制只有鬶类一种，绝无例外。而鬶类质料又均为黄陶，亦绝无例外。

（四）第二灰陶系。黑黄陶至上层，与第一灰陶同书，起而代之者为第二灰陶，形制粗略简单。

在遗址上层出土的陶器中，考古学家发现了有文字刻划的陶片几十片，其中刻在陶器边缘外的两个陶文引起了大家的关注。这两处陶文的写法，与殷墟后期甲骨文和金文的字形非常相似，学者们据此认出此二字分别为子（𠯢）和犬（𤝔）。更令人兴奋的是，1931年冬在结束城子崖遗址第二次发掘后，吴金鼎先生在济南山东大学工学院室内整理发掘物时，惊喜地发现刻有文字的陶片一块，其字体与甲骨文、金文相近，文字的内容经专家们释读后隶定为"齐人网获六鱼一小龟"。这些字是刻在一个大陶瓮的里面，而且是烧成后才刻划的，划痕极浅，笔画有光泽，而这个大陶瓮极有可能便是当时承载"六鱼一小龟"之处，这些鱼龟均来自附近的武原河。

但是这块陶片的时代却非龙山文化时期，而是东周时期的，这就非常有趣了。公元前684年，位于城子崖的谭国已被齐国所灭，所以此时居于该地的人们已改称"齐人"。这个陶片的主人既会刻字，说明其极有可能是一位有着一定社会地位的贵族，而他并没有生活在距此仅2公里处的东平陵，可见此时的东平陵极有可能尚未建成或仅初建。陶片在出土材料中是那么微乎其微，然而这片小小的陶片却跨时空地向世人传递着那段不为人知的历史。不论以前、现在还是将来，文字常新……

时光飞转至1992年初，山东大学的考古者在丁公遗址第四次发掘即将结束之时，从探沟50的H1235出土遗物中，发现了一件刻有多个文字的陶片。考虑到这一发现意义重大，栾丰实等几位先生又仔细严格地检核了H1235及其相关遗迹的层位关系和出土遗物，并对其出土时间、运输、存放、洗刷等中间环节

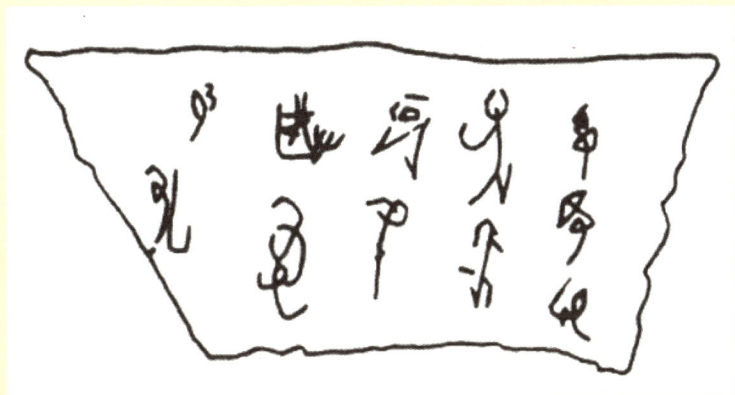

丁公陶文及其摹本

做了详细了解与分析，最后确信其为龙山文化时期的陶片。

陶文刻在一块宽3—3.4厘米、长4—7.7厘米的陶片上。王恩田先生将其与城子崖所出陶文进行了对比：第一，字数较多。丁公陶文5行11字，城子崖陶文1行9字。而以前发现的史学时期和商周时期的陶文和刻划符号一般只有一两个单字。第二，两者笔画都很纤细，刻痕都极浅。两者所不同的是：第一，丁公陶文多用连笔；城子崖陶文则不用。第二，丁公陶文出土于龙山文化层内，为黑陶；城子崖陶文属上层，即周文化层，系灰陶。二者尽管悬隔千年之久，却都属东夷文化系统的文字。冯时先生曾提出丁公陶文与古彝文有着密切的关系，而彝族很可能源自东夷，实际上也将丁公陶文归入东夷系统。著名的古文字学家裘锡圭先生谨慎地提出这并不是一种处于向成熟的文字发展的正常过程中的原始文字，而是一种走入歧途的原始文字。

甲骨文字是目前所知最早的文字，但其发现之初就是一种很成熟的文字，已具备后世的"六书"原则。它的源头在何处？这始终是困扰学者的谜题。以往在莒县陵阳河遗址、江苏澄湖遗址、浙江余杭南湖、良渚等地均发现过陶器刻文，但多为单个只文。而此次发现的丁公陶文不仅字数多，而且布局合理，与甲骨文、金文属于同一体系，"是上承大汶口文化中的'日月山'陶文，而下接二里头、二里岗、藁城陶文的一系列属于殷商文字系统的一个重要环节"。

人类学家曾提出过一个观点，即语言帮助人类征服世界，而所谓的文字就是记录语言的工具。文字的出现，是适应人们迫切要求扩大信息传播空间，延续信息保留时间的需要。历史发展到某一阶段，居住在各地的先民们都在创造着文字，此后经过漫长而曲折的历程，有些文字消亡了。商人很可能吸收了不同谱系的考古学文化居民的发明，把中国的文字推进至甲骨文阶段。

四、水井

1990年，山东省考古研究所对城子崖遗址再次进行试掘，随后考古队员发现了一件陶罍。据发掘陶片时记录的字母"J"可知，这件罍除口沿外其余部分均保持完好。此罍小口、深腹、广肩、贯耳。罍之名见于《诗经》，《小雅·蓼莪》有"瓶之罄矣，维罍之耻"，《周南·卷耳》有"我姑酌彼金罍"，可知罍可用以盛酒，且容量较大。至《仪礼·少牢馈食礼》言"司宫设罍水于洗东"，可见罍又可为盛水器。发掘者们结合周边的遗迹分析得出，这是一件龙山文化时期城子崖的先民们在取水时不慎失落到井里的盛水器，只是千余年后井水早已干涸，只留这件陶罍向世人默默地诉说着远古井水的甘凉清冽。

"井，穴地出水也。说文曰，清也。故易曰'井冽寒泉食'，甃之以石，则洁而不泥。汲之以器，则养而不穷。……若夫岩穴泉窦，流而不穷，汲而不

陶罍（现藏于龙山文化博物馆）

竭，此天然之井也。"水井是人们为满足日常生产和生活所需而开凿的可以汲取地下水的深穴。在具体的考古实际发掘中，判断是否为水井这种遗迹的一般标准是："较深并达到当时的地下水位，形状较规则，或有井圈，或有对称脚窝，底部多有汲水器的残器与细沙淤泥等。"当然，这也仅仅是一个参考，更多的时候对这类遗迹的判定需要的是发掘者日积月累的职业素养。

在城子崖遗址的试掘中，考古人在不大的范围内就发现了几口井，属下层龙山文化堆积。有的井井口呈长方圆角，长边1.5米，深近7米，挖得很规整，井口也相当大，可容两三人同时提水。从凿井技术的熟练程度看，显然已经历了相当长的历史发展。这一时期，史前水井的数量开始增多，以海岱地区为例，考古人先后在兖州西吴寺、临淄桐林、邹平丁公等遗址均发现多口水井。

水井的发明者主要有黄帝、伯益两种说法。《经典释文》载："《周书》

城子崖遗址发现的井

云'黄帝穿井'。"又据《史记》《左传》《竹书纪年》《国语》等书载"伯益作井"。学界多认为黄帝、伯益的生活时代约是龙山文化时代晚期。然而目前所见最早的水井出现在浙江余姚河姆渡遗址，距今约7 000多年，时代远早于龙山文化期。当然也有一种可能是，水井虽然出现得很早，但迟至龙山文化时期才开始被大规模推广使用。由于井的发明在人类历史上意义重大，所以人们把这一发明权归于黄帝、伯益之类的部落首领，以示郑重。这种将集体创造归于某位大人物的写法，完全符合中国古史传说时代的传统记录方法。

史前水井主要分布于黄河中下游与长江下游地区（浙江余姚河姆渡、上海青浦崧泽、江苏苏州草鞋山、江苏常州圩墩等遗址），其他地区史前时期的水井基本不见。崔英杰先生认为："一方面可能是限于一些原因我们没有发现或已经发现而没有认识；另一方面，一种饮食习惯形成后，会持续很长时间而不轻易发生改变，史前人们多依河而居，习惯于饮食河水而不是饮食井水，这种饮水习惯除非在发生重大的自然环境变迁或者迁入者强势推行新的习惯条件下，否则在水井的使用成为一种新的习惯前不会轻易改变……这种情形甚至在汉代的时候也有表现：西汉中原地区已经普遍使用水井，而到汉武帝时，卫律在匈奴'为单于谋，穿井筑城，治楼以藏谷'（《汉书·匈奴传》）；在大宛，因为城中无井，又教给他们打井术，'宛城中无井，汲城外流水……宛城中新得汉人知穿井'（《汉书·李广利传》）。因此可以说，局部地区内凿井技术的传播、饮食井水习惯的影响，加上传统旧习俗的强势延续，使得史前水井相对集中地分布于黄河中下游地区和长江下游地区。"

水乃生命之源。人类前进的每一步,都离不开河流的哺育。中东、印度、中国和欧洲这四个肥沃的大河流域,更是孕育了历史上伟大而古老的文明。在漫长的历史过程中,逐水而居已经成为人类的本能。可是,相对于微小的人类,河流却并不总是那么温顺。长期生活在水边,会因为潮湿带来各种问题,甚至是恶疾;更可怕的是,河流或因雨季而泛滥成灾,或因缺水而断流变患,河流的泛滥和干枯,都对人类的生存有着很大的影响。后来,通过水井来使用地下水,不仅使人类摆脱了河流带来的诸多不便,还提高了人类饮水的质量,甚至扩展了人类的生存空间。因此,水井的发明对人类的进步有着极其重要的作用,标志着人类开始一定程度地摆脱了地表自然水资源的束缚,在生产生活中能够灵活地利用水资源。那么,水井究竟始于何时呢?

考古学的研究表明:在旧石器时代,原始人类过着采集渔猎的生活,原始人群数量稀少,与野兽丛林杂处,他们逐水草而居,迁徙频繁,这个时期既没有凿井的必要,也缺乏凿井的工具。至新石器时代初期,农业处于"刀耕火种"的原始阶段,放火烧荒点种后全靠老天赏收成。这种粗放的耕作技术不仅使粮食产量低,而且很快耗尽地力,先民们只好另寻他处再次重复"刀耕火种"的生产方式,因而不可能形成长期的定居生活,只能"结草为庐",为使生活便利只能在靠近河流或泉水之处往来迁徙。《淮南子·修务训》中"神农乃始教民播种五谷,相土地宜,燥湿肥硗高下,尝百草之滋味,水泉之甘苦,令民知所辟就",讲的就是这段历史。

水井的出现与农业的发展关系密切,同时也是以手工业生产的发展和生产工具的进步为技术支撑的。当原始农业进入"锄耕"阶段,人们开始使用石铲、石锄、骨耜等农具对土地进行精耕细作。随着耕地利用率的提高和农作物产量的提高,加之此时的畜牧业也得到了发展,长期的村落定居便成为可能,随之而来的还有人口的增多。当沿河流、湖泊地区的人口密集到饱和状态后,人们不得不迁徙到远离河水的地方,对于新开发之地最需要迫切解决的问题便是水源。先民们可能受挖窖穴渗水现象的启示,很自然地便考虑到向地下深挖寻找新的水源，于是原始水井便应时而生，当然这种现象主要见于中原地区。至于长江地区水系发达，地下水位较高，先民们很容易获取清洁的用水和灌溉水田，进而导致水井在这个区域出现并大量流行，并且多带有井圈。

城子崖遗址东、西两侧均紧临川流不息的武源河，然而在这不大的范围内却发现了数口水井，这也从侧面上反映了城子崖龙山城人口的高度密集和早期城市的繁华。学者们保守估计城子崖龙山时期在此地生活的居民数量为5 000—10 000人，如果再考虑到这一时期龙山文化堆积十分丰富和普遍，几乎不存在空白区，并且一些房子紧挨城墙建造，有的就建在城墙之上，说明当时城内居住已十分拥挤，实际上生活在此的人口可能不止此数。井的推广解决了城内居民的生活生产用水，人们无需从城外获取生活、生产建设和饲养家畜所需要的水，促进了早期城市经济的发展繁荣。城子崖从而成为这一时期东方某一方国的中心。

五、陶鬶

"鬶"最早见于1928年龙山文化时期的城子崖遗址，它有着长长的流口、把手和肥大的足部。当时的发掘者将这种形制奇特的器物称作"鬶"，其依据是汉代许慎《说文·鬲部》："鬶，三足䰝（釜）也，有柄、喙。"䰝（釜）是煮饭的锅，"鬶"是指有把手且带喙的三条腿的煮饭的锅，与器形完全符合。此后在我国各地，东起海滨，西至陕西，北自辽东，南达岭南，已有数百处遗址出土了各式陶鬶，流行于距今约6 500—4 000年间。尽管该器物发现的地域广阔，但是多数专家们认为陶鬶的起源地却是海岱地区。这不仅仅是因为大汶口文化时期出土陶鬶数量最多，广为盛行，更重要的是大汶口文化是陶鬶自成一体的一个正源。

在众多的陶器中，陶鬶是形制相对比较复杂的一种器物，长期以来以其特殊的造型而格外引人注目。但这种造型并不是横空出世的，而是远古先民在不断的实践中摸索出来的，并在长期的经验积累之后，不断地加入了新的元素从而赋予其新的生命力。

　　新石器时代早期，伴随着原始
农业的发展和日常生活的需要，人
们很自然地需要类似于今日的锅、
碗、瓢、盆来煮食、盛放粮食。在
城子崖遗址附近的西河遗址，考古
学家就曾发现过一件距今约七八千
年前的陶釜，它是一件圜底陶器，
专家们认为这可能是摹仿了植物类
（如：剖开葫芦制成的水瓢）容器
的形态。植物类的器皿被陶器所模
仿取代，只因陶器更加坚固、耐火
候。但是问题也随之而来，圜底的

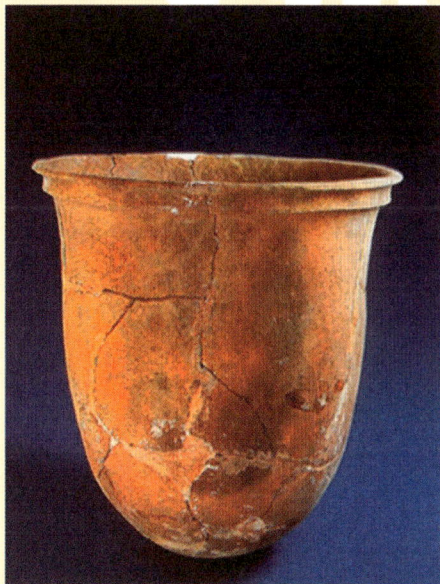

西河遗址出土的陶釜

器物不易放置，为了解决这一难题，智慧的先民便在陶釜底下放了3块用来稳
固陶釜的石头，类似功能的石头也见于西河遗址。三足稳定性规律的发现并应
用至陶器的使用，对于原始先民而言无疑是一个伟大的进步。

　　由于自然界石头多不规整，器物放上去仍有倾倒的危险，于是他们就烧
制了规整的支足。后来先民们为了避免每次加热都要重新放置支足的麻烦，

西河遗址出土的用来加热的 3 块石头

便直接把三足粘在
陶釜的底下。"三
足"的设计不仅考
虑到了支撑的实用
需要，而且支足间
的距离精准、角度
一致，又显示出先
民们高超的工艺制
作水准。在解决了

稳固加热这一难题后，为防止食物煮熟后烫伤手，先民们又在器表加了一个把手。接着先民们又发现直接用陶鬶往碗里倒东西的时候，经常会对不准碗口将液体洒出来，所以他们又把陶鬶的口部拉长再加一个凹槽，制成了流口。还有一些陶鬶在之后的发展中，为了提高热效率，足部从"实心支足"变成了后来的"空心袋足"。如此一来，既扩充了器物的容积，又使它的受热面积变大，从而加快水烧开的速度，可谓一举两得。至此，陶鬶完成了由釜到鬶的华丽蜕变，时代约在大汶口文化时期。

进入龙山文化时期，由于快轮技术的成熟与普及，制陶业已出现了质的飞跃。陶器多造型规整，有的器表还经多次磨光。城子崖遗址出土的龙山文化时期的白陶鬶通高30.5厘米、流口高5厘米、长16厘米、宽11.5厘米，有小子口，口沿高1厘米。该陶鬶的最大特点是采用高岭土（坩子土）烧制，若挂上釉就是瓷器了，所以也被称为瓷器的先祖。该器造型优美流畅，设计精妙，装饰虽简练却不失生趣，整体形制宛若一只仰着脖子正在欢快啼叫展翅欲飞的鸟儿，专家们认为这种特有的仿生现象应与海岱地区独特的鸟崇拜现象有关。

远古时期不同的部族多有各自的崇拜物，多把某种动物、植物或非生物等当作自己的亲属、祖先或保护神，相信它们有一种超自然力，会保护自己，并且还可以获得它们的力量和技能。这种现象被人类学家称为图腾崇拜。海岱地区生活的东夷部族主要以各种鸟的崇拜为最多、最盛，故在《尚书·禹贡》《史记·五帝本纪》《汉书·地理志》等文献中"东夷"又被称为"鸟夷"。

从出土的人骨观察情况看，新石器时代的东夷人除流行头骨变形和人工拔齿习俗外，还流行着另一种习俗，即口含直径约15—20毫米的石球或陶球，这球一旦放入，便不再取出，死后犹然。学者多认为这种含球习俗乃模拟吞玄鸟卵而生子，球象征鸟卵，含球有祈子之意。不仅如此，东夷古人在日常生活中还经常作鸟状打扮。莒县陵阳河大汶口文化遗址M11、M17两墓出土的陶尊上有一种刻划符号，李学勤先生考证那是一种东夷人用羽毛装饰的冠，可见文献载东夷人"居在海曲，被服容止皆象鸟也"并非虚文。此外，在山东莒县陵阳河、诸城等地的大汶口文化遗址中发现了数个🐦状的刻划符号，专家们解

城子崖出土的白陶鬶（现藏于龙山文化博物馆）

为"阳乌负日飞行图"。

东夷人甚至还以鸟来命名各种官吏。《左传》记载，昭公十七年（前525），郯国（治今山东郯城）国君到鲁国访问，鲁昭公设酒款待。席间昭公问："少皞氏以鸟名官，何故也？"郯君解释道：

> 我高祖少皞挚之立也，凤鸟适至，故纪于鸟，为鸟师而鸟名。凤鸟氏，历正也。玄鸟氏，司分者也。伯赵氏，司至者也。青鸟氏，司启者也。丹鸟氏，司闭者也。祝鸠氏，司徒也。鴡鸠氏，司马也。鸤鸠氏，司空也。爽鸠氏，司寇也。鹘鸠氏，司事也。五鸠，鸠民者也。五雉，为五工正，利器用，正度量，夷民者也。九扈，为九农正，扈民无淫者也。

据郯君言可知，少皞氏曾设置了五鸟、五鸠、五雉、九扈等24种官职，尽管这些记载只是后人的追述，少皞时代是否有如此完备的职官体系尚不可知。但至少说明，彼时在东夷地区存在许多以鸟命名的氏族部落，而区分这些部落的主要依据便是不同的鸟的徽识。石兴邦先生曾说过："这些记载，不是向壁虚造，而是以真实的鸟图腾历史为基础的。24种官职，无一非鸟，这是保持鸟图腾制最完备的记述。从这个叙述中探知少昊部落中，大图腾中包括小图腾集团，形成了一个鸟图腾氏族部落社会的3个部组织，即部落（少昊）、胞族（五鸟、五雉）和氏族（24种官职）。"

从大量的出土材料和文献记载可知，生活在海岱间的东夷先民对鸟的崇拜极甚，这点史学界和考古界的许多学者已做过深入研究。至于其产生的原因主要有"生殖崇拜"和"物候崇拜"两说，考虑到海岱地区紧邻海边、原始农业发达，所以东夷人对鸟（多为候鸟）的崇拜可能更多的是为了把握农时、适时耕种，根源于人们长期的生产活动的实际需要。东夷先民对鸟的崇拜已融入人们生活的点点滴滴。这种形制宛若鸟儿造型的陶鬶出现也就不足为奇了！

高广仁、邵望平二位先生在收集了20世纪80年代以前出土的和文献上的陶鬶相关资料，对陶鬶进行了系统整理和梳理后指出，5 000多年前陶鬶还仅仅是海岱地区大汶口文化的特有器物，稍后千余年间在与周围文化的互动交流

龙山文化博物馆（城子崖遗址博物馆）前陶鬶标志

中，陶鬶最终被各地文化吸收、改造，成了"龙山期"诸文化共同出现的新器物，至此陶鬶已不再是海岱地区的"特产"。特别值得一提的是，即便在考古材料如此丰盛的今天，这种薄胎、素面、造型奇特、独具一格的袋足器也从没在华夏大地之外的任何地区被发现，从这一意义上讲陶鬶也可以看作是中华史前文化的独特基因。进入夏商周以后产生了以青铜器为核心的礼乐文化，由鬶派生的盉也成为后来商周礼器中的重要因素。

时光飞逝，转眼间距1928年城子崖遗址的第一次发掘已逾90载。90年来城子崖遗址先后经多次发掘、试掘，这在中国考古史上都是很少见的，这也再一次证实了城子崖遗址对于古史特别是史前史、中华文明探源之重大意义。城子崖遗址的多次发掘，出土了大量的陶器、石器、蚌器、铜器、卜骨等遗物，上文所列仅是诸多出土物中的冰山一角。要想全面了解走进这座4 000多年前的古城，目前所做的一切也只是初步的。尚有许多悬而未决的问题期待我们探知，如难觅踪影的城子崖周围的高级墓葬、横空消失的城墙时代、难以克隆的蛋壳黑陶及龙山文化晚期衰落的原因等，这一切无不吸引着我们继续探索。这就是考古的魅力所在。或许我们永远也不可能明晰历史的真相，但仍然怀着敬畏最大限度地离真相近一点。

主要参考文献

［1］李济，傅斯年，董作宾，梁思永，吴金鼎等.中国考古报告集之
一——城子崖［M］.南京：科学印刷公司，1934.

［2］吴金鼎.平陵访古记［J］.国立中央研究院历史语言研究所集刊，
1930（4）.

［3］梁思永.梁思永考古论文集［C］.北京：科学出版社，1959.

［4］张学海.龙山文化［M］.北京：文物出版社，2006.

［5］张学海.纪念城子崖遗址发掘六十周年国际学术讨论会文集［C］.济
南：齐鲁书社，1993.

［6］张学海.张学海考古文集［M］.北京：文物出版社，2020.

［7］逄振镐.东夷文化研究［M］.济南：齐鲁书社，2007.

［8］栾丰实.东夷考古［M］.济南：山东大学出版社，1996.

［9］栾丰实.栾丰实考古文集［M］.北京：文物出版社，2017.

［10］方辉.海岱地区青铜时代考古［M］.济南：山东大学出版社，2007.

［11］燕生东.海岱考古与早期文明［M］.北京：商务印书馆，2019.

［12］山东文物考古研究所.山东20世纪考古发现与回顾［M］.北京：科
学出版社，2005.

［13］中国大百科全书·考古学［M］.北京：中国大百科全书出版社，
2004.

［14］黄尚明.中国考古学之父——李济传［M］.武汉：华中科技大学出
版社，2019.

［15］石舒波，于桂军.圣地之光——城子崖遗址发掘记［M］.济南：山
东友谊出版社，2000.

［16］山东大学文化遗产研究院，章丘市文广新局.龙山文化与早期文明——第22届国际历史科学大会章丘卫星会议文集［C］.北京：文物出版社，2017.

［17］山东省文物管理处，济南市博物馆.大汶口——新石器时代墓葬发掘报告［M］.北京：文物出版社，1974.

［18］栾丰实.大汶口——两城镇遗址研究［M］.北京：文物出版社，2009.

［19］尹焕章.华东新石器时代遗址［M］.上海：上海人民出版社，1966.

［20］岳南.南渡北归［M］.长沙：湖南文艺出版社，2015.

［21］李济.发掘龙山城子崖的理由及成绩［J］.山东省立图书馆季刊，1931（1）.

［22］梁思永.龙山文化——中国文明的史前期之一［J］.考古学报，1954（7）.

［23］苏迎堂.古陶瑰宝——蛋壳陶［J］.文物，1980（9）.

［24］杜在忠.试论龙山文化的"蛋壳陶"［J］.考古，1982（2）.

［25］吴汝祚.试论龙山文化的蛋壳陶杯［J］.史前研究，1987（1）.

［26］钟华南.大汶口——龙山文化黑陶高柄杯的模拟实验［M］//苏秉琦.考古学文化论集.北京：文物出版社，1989.

［27］高广仁，邵望平.史前陶鬶初论［J］.考古学报，1981（4）.

［28］高广仁，邵望平.中华文明发祥地之一——海岱历史文化区［J］.史前研究，1984（1）.

［29］中国科学院考古研究所山东发掘队.山东平度东岳石村新石器时代遗址与战国墓［J］.考古，1962（10）.

［30］中国社会科学院考古研究所等.山东滕县北辛遗址发掘报告［J］.考古学报，1984（2）.

［31］山东省文物考古研究所.山东考古的世纪回顾与展望［J］.考古，2000（10）.

［32］昌潍地区艺术馆，考古研究所山东队.山东胶县三里河遗址发掘简报［J］.考古，1977（4）.

［33］山东省文物考古研究所.山东省文物考古五十年［M］//新中国考古五十年.北京：文物出版社，1999.

［34］济青公路文物考古所.山东临淄后李遗址第一、二次发掘简报［J］.考古，1992（11）.

［35］佟佩华，魏成敏.章丘西河新石器时代遗址［N］.中国文物报，1994-2-20.

［36］竺可桢.中国近五千年来气候变迁的初步研究［J］.考古学报，1972（1）.

［37］王树明.谈陵阳河与大朱村出土的陶尊"文字"［M］//山东史前文化论文集.济南：齐鲁书社，1986.

［38］王恩田，田昌五等.专家笔谈丁公遗址出土陶文［J］.考古，1993（4）.

［39］张宗国，李维维，任冰."考古圣地"城子崖［J］.春秋，2018（1）.

［40］张学海."城子崖"寻梦［J］.大众考古，2013（4）.

［41］奚牧凉."公众考古"抛砖三问［N］.中国文物报，2016-9-27.

［42］霍云峰.《古物保存法》立法始末探析［J］.档案，2014（4）.

［43］肖宇.20世纪上半叶知识界对考古学与金石学关系的认识［J］.博物院，2020（3）.

［44］李朝英.北辛文化概述［J］.山东档案，2014（1）.

［45］栾丰实.北辛文化研究［J］.考古学报，1998（3）.

［46］王培晓.藏礼于器——龙山文化蛋壳陶［N］.中国文化报，2011-10-12.

［47］刘威.城子崖遗址两次发掘原因与学术意义辨正［N］.中国文物报，2019-8-23.

［48］赵秋丽，周振兴.穿越千年的古城——山东日照两城镇遗址新探
　　　［N］.光明日报，2014-4-16.

［49］魏敬群.傅斯年、王献唐与山东古迹研究会［J］.春秋，2017（3）.

［50］夏鼐.关于考古学上文化的定名问题［J］.考古，1959（4）.

［51］许永杰.关于重挖著名遗址的思索［J］.北方文物，2016（4）.

［52］王永波，王守功，李振光.海岱地区史前考古的新课题——试论后
　　　李文化［J］.考古，1994（3）.

［53］王凌浩，黄渭金.河姆渡水井研究——兼论我国水井的起源［J］.农
　　　业考古，2002（1）.

［54］河南省文物研究所，周口地区文化局文化科.河南淮阳平粮台龙山
　　　文化城址试掘简报［J］.文物，1983（3）.

［55］张志华，梁长海，张体鸽.河南平粮台龙山文化城址发现刻符陶纺
　　　轮［J］.文物，2007（3）.

［56］王永波.后李文化的发现与研究［J］.管子学刊，1994（1）.

［57］张兴香，李雍，吴晓桐等.黄河流域出土龙山时期扬子鳄骨板的多
　　　种同位素研究［J］.人类学学报，2019（4）.

［58］佟佩华.纪念山东章丘城子崖遗址发掘80周年［N］.中国文物报，
　　　2011-10-28.

［59］王恩田.济南建城史刍议［M］//济南文史论丛.济南：济南出版社，
　　　2003.

［60］王巍.聚落形态研究与中华文明探源［J］.文物，2006（5）.

［61］沈杰群.良渚的发现：民国青年25岁推开文明大门［N］.中国青年
　　　报，2018-11-8.

［62］王恩田.梁思永与城子崖真假龙山文化城［J］.山东社会科学，1995
　　　（1）.

［63］钟惠咏.龙山文化鸟形陶鬶［N］.中国文物报，2012-4-11.

［64］刘敦愿.龙山文化若干问题质疑［J］.文史哲，1958（1）.

[65] 吴汝祚.论良渚文化与大汶口文化、龙山文化的关系［J］.东南文化，1989（6）.

[66] 刘德增.鸟夷的考古发现［J］.文史哲，1997（6）.

[67] 刘德增.奇特的鸟夷文化［J］.走向世界，1984（2）.

[68] 夏鼐.三十年来的中国考古学［J］.考古，1979（5）.

[69] 中国科学院考古研究所山东发掘队.山东临朐朱封龙山文化墓葬［J］.考古，1990（7）.

[70] 逢振镐.山东龙山文化城址的发现及其历史地位［J］.山东社会科学，1995（3）.

[71] 庄明军.山东青州发现一件刻纹陶器［J］.考古，1999（1）.

[72] 朱超，孙波，赵国靖，张强.山东章丘城子崖岳石晚期城址发现"一道三门"结构［N］.中国文物报，2019-12-6.

[73] 中国社会科学院考古研究所沣西发掘队.陕西长安沣西客省庄西周夯土基址发掘报告［J］.考古，1987（8）.

[74] 王涛.史前水井的考古学分析［J］.文博，2001（2）.

[75] 高广仁，邵望平.史前陶鬶初论［J］.考古学报，1981（4）.

[76] 李先登.试论青铜鬶［J］.中原文物，2008（4）.

[77] 方辉.王献唐与两城镇［J］.山东图书馆馆刊，2009（3）.

[78] 陈雪香，方辉.王献唐与滕县安上遗址考古发掘［J］.山东大学学报（哲学社会科学版），2014（5）.

[79] 刘长秀.吴金鼎：最有成就的现代考古学家之一［J］.中国档案，2018（6）.

[80] 林锦源，陈淑玲.吴金鼎在中国史前考古学上的贡献［J］.考古与文物，2003（3）.

[81] 宋镇豪.五谷、六谷与九谷——谈谈甲骨文中的谷类作物［J］.中国历史文物，2002（4）.

[82] 王巍.新中国考古学70年发展与成就［J］.历史研究，2019（4）.

[83] 周书灿.仰韶文化西来说的形成及论争——学术史视野下的考察 [J].河北师范大学学报（哲学社会科学版），2016（4）.

[84] 张学海.幽梦·寻求·现实 [N].中国文物报，1992-9-20.

[85] 方辉.岳石文化的分布与特征 [N].联合日报，2018-7-14.

[86] 任相宏.岳石文化的农具 [J].考古，1995（10）.

[87] 陈星灿.中国古代金石学及其向近代考古学的过渡 [J].河南师范大学学报（哲学社会科学版），1992（3）.

[88] 安志敏.中国新石器时代的物质文化 [J].文物参考资料，1956（8）.

[89] 付海龙.中原地区商代水井初探 [J].殷都学刊，2019（2）.

[90] 杨明刚.走进厚重的北辛文化 [J].中华民居，2012（2）.

[91] 严文明.龙山文化与龙山时代 [J].文物，1981（6）.

[92] 严文明.东夷文化的探索 [J].文物，1989（9）.

[93] 戴向明.文明、国家和早期中国 [J].南方文物，2020（3）.

[94] 王震中.史前东夷族的历史地位 [J].中国社会科学院研究生院学报，1988（6）.

[95] 山东省考古研究所.城子崖遗址又有重大发现 [N].中国文物报，1990-7-26.

[96] 蔡凤书.山东龙山文化"去脉"之推论 [J].文史哲，1982（2）.

[97] 孙波.聚落考古与龙山文化社会形态 [J].中国社会科学，2020（2）.

[98] 何茂红.陶鬶的用途小考 [J].美术大观，2009（4）.

[99] 贺云翔."考古发掘报告"是考古学的核心成果 [J].大众考古，2020（3）.

[100] 孙波，李罡.扁扁洞：黄河下游新石器时代的曙光 [J].大众考古，2014（5）.

[101] 许嘉璐.中国古代衣食住行 [M].北京：北京出版社，2020.

[102] 宫衍兴等.东夷文化初探——东夷族在中国走向文明过程中的历史作用 [J].史前研究，1986（1-2）.

[103] 童书业."鸟夷"说 [M]//中国古代地理考证论文集.北京：中华书局，1962.

[104] 石兴邦.山东地区史前考古方面的有关问题 [M]//山东史前文化论文集.济南：齐鲁书社，1986.

[105] 刘敦愿.论（山东）龙山文化陶器的技术与艺术 [J].山东大学学报（历史版），1959（3）.

[106] "纪念甲骨文发现120周年座谈会"专家发言摘编 [N].中国文物报，2019-11-5.

[107] 马承源."中国新石器时代的物质文化"一文商榷 [J].文物，1957（2）.

[108] 山东省文物考古研究院，北京大学考古文博学院.济南市章丘区城子崖遗址2013～2015年 [J].考古，2019（4）.

[109] 南京市博物馆.江苏新沂县三里墩古文化遗址第二次发掘简介 [J].考古，1960（7）.

[110] 杜金鹏.论临朐朱封龙山文化玉冠饰及相关问题 [J].考古，1994（1）.

[111] 闫志.金石学在现代考古学中的表达 [J].华夏考古，2005（4）.

[112] 乔显佳.近4000年前建筑基础出土——济南章丘城子崖遗址新发现 [N].中国文化报，2014-2-25.

[113] 孙波，朱超，吕铠，蒋宇超.考古圣地结新果 [N].中国文物报，2014-6-20.

[114] 佟佩华，鲁文生，王之厚.刘敦愿先生和山东龙山文化研究 [N].中国文物报，2013-2-13.

[115] 张海.龙山墓葬与文明起源"龙山时代的中原——以墓葬为视角学术研讨会"纪要 [N].中国文物报，2017-12-1.

［116］樊温泉.庙底沟遗址：六十年的发现与研究［N］.中国文物报，
·2013-5-10.

［117］栾丰实.青堌堆龙山文化遗存之分析［J］.中原文物，1991（2）.

［118］中国科学院考古研究所山东发掘队.山东梁山青堌堆发掘简报
［J］.考古，1962（1）.

［119］中国科学院考古研究所山东发掘队.山东曲阜西夏侯遗址第一次发
掘报告［J］.考古学报，1964（2）.

［120］潍坊市艺术馆，潍坊市寒亭区图书馆.山东潍县狮子行遗址发掘简
报［J］.考古，1984（8）.

［121］栾丰实，方辉，许宏.山东邹平丁公遗址第四、五次发掘简报
［J］.考古，1993（4）.

［122］安志敏.试论黄河流域新石器时代文化［J］.考古，1959（10）.

［123］吴诗池.试论良渚文化与山东龙山文化的关系［J］.东南文化，
1989（6）.

［124］张学海.试论山东地区的龙山文化城［J］.文物，1996（12）.

［125］张学海.论四十年来山东先秦考古的基本收获［M］//海岱考古.济
南：山东大学出版社，1989.

［126］栾丰实.试论山东龙山文化的社会性质［J］.山东大学学报（哲学
社会科学版），1989（4）.

［127］魏世刚.试论石峁等遗存与客省庄二期文化的关系［J］.文博，
1990（4）.

［128］黄崇岳.水井起源初探——兼论"黄帝穿井"［J］.农业考古，
1982（2）.

［129］安金槐.谈谈城子崖龙山文化城址及其有关问题［J］.中原文物，
1992（1）.

［130］方酉生.我国水井起源的探讨［J］.江汉考古，1986（3）.

［131］吴鲁峰.吴金鼎学术人生述论［D］.聊城大学硕士论文，2017.

［132］李朝远.五十年中国考古学的发展［J］.学术月刊，1999（9）.

［133］张超华.夏代水井的考古发现与研究［J］.古今农业，2000（2）.

［134］山东省博物馆，日照县文化馆.一九七五年东海峪遗址的发掘［J］.考古，1976（6）.

［135］李景聃.豫东商邱永城调查及造律台黑孤堆曹桥三处小发掘［J］.考古学报（哲学社会科学版），1947（2）.

［136］张国硕.岳石文化的研究综述［J］.郑州大学学报（哲学社会科学版），1996（1）.

［137］岳洪彬.再论商代的"黄泉观念"——从殷墟王陵和水井深度的比较得来的启示［J］.中原文物，2018（5）.

［138］鲜荞蒉.中国文物法制化管理的开端——简析南京国民政府的《古物保存法》［J］.中华文化论丛，2010（2）.

［139］任式楠，吴耀利.中国新石器时代考古学五十年［J］.考古，1999（9）.

［140］王树明.山东莒县陵阳河大汶口文化墓葬发掘简报［J］.史前研究，1987（3）.

［141］王震中.略论"中原龙山文化"的统一性与多样性［M］//田昌五，石兴邦.中国原始文化论集.北京：文物出版社，1989.

［142］黎家芳，高广仁.典型龙山文化的来源、发展及社会性质初探［J］.文物，1979（11）.

［143］罗晓欢，话说中国古代三足器［J］.寻根，2011（6）.

［144］吴耀利，新石器时代早期文化陶三足器初论［J］.考古，1997（3）.

［145］赵秋丽，周振兴."万年前的真相"浮出水面——山东扁扁洞遗址文物携带丰富信息［N］.光明日报，2013-11-20.

［146］杜在忠.试论二里头文化的渊源——兼述泰山周围大汶口—龙山文化系统的族属问题［J］.史前研究，1984（1）.

图书在版编目（CIP）数据

城子崖：一朝醒来惊天下 / 赵燕姣著. — 济南：
济南出版社，2021.7
（济南故事 / 杨峰主编）
ISBN 978-7-5488-4456-3

Ⅰ.①城… Ⅱ.①赵… Ⅲ.①城子崖（考古地名）—研
究 Ⅳ.①K878.04

中国版本图书馆CIP数据核字（2021）第117179号

城子崖：一朝醒来惊天下

CHENGZIYA:YIZHAO XINGLAI JING TIANXIA

出 版 人：崔　刚
图书策划：李　岩
责任编辑：赵志坚　李文文　孙亚男
封面设计：张　金
出版发行：济南出版社
地　　址：济南市市中区二环南路1号　250002
邮　　箱：ozking@qq.com
印 刷 者：济南新先锋彩印有限公司
经 销 者：各地新华书店
成品尺寸：170 mm×230 mm　1/16
印　　张：11
字　　数：162千字
印　　数：1—3 000册
出版时间：2021年7月第1版
印刷时间：2021年7月第1次印刷
书　　号：ISBN 978-7-5488-4456-3
定　　价：59.00元